I0473560

Consultoria Empresarial

Resolução de problemas complexos de forma simples

RICHARD FARIAS

Consultoria Empresarial
Resolução de problemas complexos de forma simples

Brasília – DF/2019

Título Original: Consultoria Empresarial - Resolução de problemas
complexos de forma simples

copyright © 2019, por Richard Farias

Capa: Richard Farias

Revisão: Gloria Farias

1ª edição

richardfarias@mollitiam.com.br

Publicação independente / amazon.com

Consultoria Empresarial
Resolução de problemas complexos de forma simples

Dedicatória

Dedico este livro a minha esposa Gloria Farias pela sua paciência e pela força que me deu para que eu não desistisse durante essa minha pequena jornada.

Introdução

Bem-vindos a nossa viagem ao mundo da consultoria empresarial que é intrigante, e, ao mesmo tempo, fascinante. Quando lidamos principalmente com fatores humanos, no que tange a tudo aquilo que envolve projetos organizacionais, a fórmula nunca será exata.

Nosso objetivo é amenizar incertezas compartilhando anos de experiências na área de consultoria em um livro que visa responder a questões que parecem efetivamente complexas com soluções simples. Na maioria das vezes os problemas se resolvem dentro da própria organização, e, para a surpresa dos gestores, com recursos próprios.

Quando falamos de consultoria empresarial, o fator análise da gestão de pessoas, torna-se primordial para o sucesso de qualquer trabalho de implantação de soluções. Saber o perfil dos colaboradores, a cultura da empresa e seus vieses, nos traz a certeza de que a fórmula aplicada na NATURA, empresa de cosméticos mundialmente famosa, não poderá ser aplicada da mesma forma em uma empresa do mesmo setor. Várias condicionantes incidirão nesse processo que, caso não sejam observados poderão causar sérios danos a essa organização.

Para isso, devemos quebrar alguns paradigmas, que serão desmistificados durante o decorrer do livro, como, por exemplo, a necessidade de se fazer um pré-diagnóstico com a simples finalidade de entregar de bandeja todo o seu conhecimento a um cliente em potencial que provavelmente não lhe dará retorno quanto a sua contratação.

Falaremos de facilitadores, agentes tóxicos e de como identificar quais são os profissionais que realmente farão a diferença na execução de nossos trabalhos, pois, identificando esses profissionais a sua chance de sucesso aumenta de forma considerável.

Após esses aspectos importantíssimos passaremos a discorrer sobre as ferramentas e atitudes que um consultor empresarial de sucesso deve seguir a fim de se evitar armadilhas causadas pelo excesso de confiança. Consultor bom e aquele que ouve muito, pergunta o suficiente, estuda possibilidades e as aplica através de um processo seguramente estruturado.

Sejamos felizes.....

Consultoria Empresarial
Resolução de problemas complexos de forma simples

SUMÁRIO

Capítulo 1 - Argumentações

Como acreditar que podemos oferecer um serviço de consultoria de sucesso se não sabemos quais são nossas forças e fraquezas, como também não temos sequer a noção de quais oportunidades e ameaças surgirão durante o processo?

A cada passo ou a cada mudança no "status quo", novos indicadores serão apresentados e novas intervenções serão demandadas. Observando essa afirmação temos a certeza de que a realidade de hoje, na qual nós e nossos clientes investimos tempo e dinheiro, pode deixar de existir amanhã?

Para tanto o consultor empresarial deve, no seu dia a dia, utilizar-se sempre de dois comportamentos essenciais, a simplicidade e a humildade. Esses comportamentos lhe darão forças para observar e procurar entender, para executar ações de avançar ou recuar conforme as necessidades de mudança de rumo. Essa mudança deve acontecer no momento de um alerta, ou até mesmo antes dele, desde que baseados em evidências. Com esse tipo de atitude se evita que diversas ações passem a ser obrigatórias, e ainda pior, inadiáveis, tornando-se traumáticas e dispendiosas.

Basta procurar na literatura corporativa, revistas, jornais e até mesmo em algumas publicações acadêmicas a forma pirotécnica com que alguns de nossos colegas exercem de uma forma totalmente irresponsável essa profissão tão importante e cercada de responsabilidades. Suas ações trazem consequências que resultam em grandes problemas a clientes que, em alguns casos, deixam de acreditar na eficiência de nossos trabalhos. O pior dos mundos é que não acaba por aí, disseminam-se depoimentos concretos que formam uma imagem errônea de nossa profissão.

SERÁ QUE A PROFISSÃO DE CONSULTOR

EMPRESARIAL OFECERECE SERVIÇOS REALMENTE EFICIENTES, EFICAZES E EFETIVOS?

Nossa proposta é oferecer um guia que traz insights aos consultores empresariais que os levem a navegar em águas turbulentas com mais segurança.

Conceito

insight

/'ɪnsajt/

substantivo masculino

1. clareza súbita na mente, no intelecto de um indivíduo; iluminação, estalo, luz.

PSICOLOGIA

2. compreensão ou solução de um problema pela súbita captação mental dos elementos e relações adequados.

Fonte: Google

Consultor empresarial precisa ser especialista?

Temos bons casos de consultores que se embrenham em um segmento, tornando-se um verdadeiro mestre. Isso pode ser bom momentaneamente, porém, caso ocorra o "efeito hemington", empresa especializada em máquinas de escrever que desapareceu quando o segmento foi substituído pelos computadores. Através dessa linha de pensamento podemos concluir que esse consultor especialista também se tornará obsoleto.

Consultor empresarial moderno é um especialista em pesquisar, e trazer para seus clientes soluções a problemas complexos de forma simples. Deve estudar toda a organização de forma sistêmica a fim de alcançar as soluções necessárias em um espaço de tempo satisfatório por um preço justo.

O fato de não ser especialista em uma determinada área não o inabilita a realização dos serviços de consultoria desde que não seja ele a executar as operações. Consultor não executa rotinas, mas sim ajuda a construí-las, remove seus gaps ou gargalos, descobrir causas raiz ou possíveis riscos na execução dessas rotinas juntamente com os colaboradores da organização, caso contrário estaria cometendo o crime de exercício ilegal da profissão.

Lembre-se que, o problema é complexo, pois se não fosse a

organização resolveria sozinha. Para alguns consultores mais experientes o complexo será simples, desde que, a ação de implantar mudanças também seja simples.

Então chegamos a seguinte conclusão:

O problema sempre será complexo, e por merecer respeito devemos implantar soluções que sejam simples e ao mesmo tempo aderentes a cultura da organização.

Como resposta a essas argumentações temos o objetivo de direcioná-los a entender que consultores empresariais são pesquisadores, e como tal, não devem em momento algum serem contaminados ou vencidos por culturas organizacionais, nem por conceitos pré-concebidos. Consultor observa, respira, pesquisa, testa suas ferramentas, verifica resultados e sugere retroalimentações através desses resultados de forma segura, buscando soluções consistentes que tragam os tão desejados resultados desejados ou o mais próximo possível desses, sempre baseados em evidências.

Capítulo 2 - Facilitadores

Primeiramente o consultor empresarial deve entender que nas organizações ele não possui inimigos e sim colaboradores resistentes a mudanças e, em alguns casos, rotinas que levaram anos para serem construídas, rotinas essas que levaram também a empresa a chegar até onde está. Isso pode ser ruim no que fere a necessidade de realização de quebra de paradígmas, ou caso essas rotinas tenham se tornado processos, mesmo que não documentados, serão de grande valia na nossa análise documental.

Então devemos respeitar tanto a organização constituída como seus membros de formas tanto individual como também seu conjunto. Lembre-se das principais competências de um consultor empresarial.

Caso tenha esquecido, retorne ao capítulo 1.

Traçando esse quadro, logo de cara, procuraremos facilitadores nas organizações, pois será através deles que o trabalho do consultor irá fluir com maior facilidade. Acredite, são anos navegando nessas águas turbulentas e consultores com mais experiência quando param para pensar nessa afirmação lembrarão de alguns profissionais de empresas onde implantaram mudanças foram importantíssimos como esses que descreverei nas linhas abaixo.

O CONSULTOR

O nosso principal facilitador, como não poderia deixar de ser, é o próprio consultor que deve sempre estar preocupado com sua reputação, imagem e autodesenvolvimento a qualquer custo.

Por isso mesmo aqui serei breve, pois esse personagem terá assento permanente em nossa viagem.

O COMPRADOR

Nosso segundo facilitador se chama "comprador" sim, aquele que assina o contrato, nos fornece recursos em troca de nossos serviços, recursos esses que nos ajudam a realizar com sucesso nossos deveres e nos asseguram no mercado.

Lembre-se sempre que o comprador não gosta de mudanças bruscas, principalmente se forem cercadas de novos orçamentos e maior demanda de tempo acrescentadas ao plano de ação original. O humor dele depende mais de resultados concretos que levem a aumento de lucro e diminuição de perdas ocasionadas por incompetências causadas sempre por outros personagens, que estão na organização para apresentar soluções, e como não o conseguiram você tem a obrigação de fazê-lo, pois desde já você é visto com resistência e desconfiança. Em alguns casos pode ser visto com esperança de que será o "salvador da pátria", pois quem o paresentou ofecereu todo o tipo de informação sobre seu trabalho de altíssima qualidade.

Dele você deve obter respeito e confiança, perguntas serão feitas por ele, e essas devem ser respondidas com ações, e não com falácias que, quando não implantadas gerarão cobranças, e essas cobranças podem minar esse relacionamento.

O Comprador tem uma história, sua coragem o levou a ser empreendedor, e a concretização do sonho dele, passa agora a ser também responsabilidade sua. Se conseguir sucesso, terá seu respeito, se fracassar terá um ser angustiado, que apostou fichas em você, e que agora está perdido, sem esperanças. Em alguns casos poderá levar até a desistir de sua empreitada colocando várias pessoas novamente no mercado de trabalho.

Lembre-se sempre que a profissão de consultor empresarial não é brincadeira, é cercada de responsabilidades mútuas, responsabilidades que poderão gerar consequências terríveis, seja para uma empresa, ou até mesmo para uma cidade inteira.

GESTÃO DE PESSOAS

Nosso terceiro e não menos importante facilitador é o departamento de gestão de pessoas. No começo nos olha com desconfiança, por não termos sido contratados por ele. Aos seus olhos, tem grande possibilidade de não obter sucesso, e, em muitos casos até torce pelo seu fracasso só para dizerem que avisaram que seria uma furada.

Todo o portfólio da organização passa pelas mãos dos profissionais desse setor, e toda a riqueza de recursos da organização está documentada, ou deveria estar, nesse setor. Na maioria das vezes, busco começar a análise documental por aqui. Se irei fazer um trabalho no departamento financeiro, busco informações dos colaboradores desse departamento em suas fichas de cargos como formações, empresas por onde passaram, tudo aquilo que possa me dar subsídios para entender por qual razão o problema existe, quais elementos poderão me assessorar na tomada de decisão e apresentação consistente de uma solução factível, estruturada, e como iremos defender em toda a nossa viagem, nesse livro relativamente simples.

Pensando dessa forma, sempre procure esse facilitador, sempre busque entender os problemas através do que existe em seu acervo. Os colaboradores possuem suas dores, e muitas vezes essas dores estão arraigadas por ações ocorridas, ou por falta delas. A comunicação corporativa deve ser tão eficiente, eficaz e efetiva quanto os processos implantados, ou toda a divulgação de uma gama de metas a serem alcançadas.

Nos dias de hoje o departamento de gestão de pessoas está passando por um processo de reestruturação no seu modo de pensar e de agir, deixando de ser operacional para também ser protagonista na divisão estratégica. Nessa nova roupagem passou a questionar suas próprias premissas e métricas.

Podemos considerar as seguintes questões:

• Modelos de avaliação devem ser revistos e possuir novos indicadores.

• Os colaboradores devem se adaptar para conseguir aprender a desaprender, desapegar de conceitos, costumes e metodologias ultrapassadas sem que deixemos de lado seus legados.

• Após essa longa jornada, pois, desapegar-se dos velhos costumes sem deixar de lado o aprendizado que isso deixou de legado é um desafio. Começa-se uma nova fase, a de "aprender a aprender" através da quebra de paradigmas, onde o colaborador começa a explorar novos conceitos e metodologias com o objetivo de tornarem-se disseminadores de conhecimento.

• A adaptação a novas tecnologias, e não estamos falando aqui de modismos, leva as pessoas e consequentemente a organização a tornarem-se altamente flexíveis. Apesar de parecerem contrárias, são resilientes, pois a necessidade de se reinventar torna-se o principal diferencial para a sobrevivência dessa organização.

• O novo trabalhador passa a pensar de forma colaborativa, e esse novo modo de pensar, deve ser difundido de forma incansável. Essa competência transforma os aglomerados de pessoas em grupos pensantes, de forma natural, sem o fator de disputa e traição, já que todos, ou a maioria, convergem para um mesmo objetivo.

Mas não nos esqueçamos que somos seres humanos, e está no nosso cerne, que nossa natureza sempre nos leva a autodestruição.

• Esse novo colaborador não fala somente um idioma, o natural é falar a língua pátria, o inglês e pelo menos mais um idioma, já que nos próximos anos, bem poucos, as fronteiras serão quebradas de tal forma que, ou se cria de vez uma língua mundial única ou teremos que nos adaptar a conversar com todo tipo de pessoas, sejam elas de qual país for. Sabemos que hoje a tecnologia nos leva a tradutores instantâneos que facilitam nosso trabalho, porém sem sinal de internet você poderá ser comido por canibais, ou morrer de fome por não saber sequer pedir um hambúrguer.

Nota:

Os seis idiomas oficiais da ONU

- Chinês. O mandarim é a variação da língua chinesa mais falada no mundo todo, tendo em vista a superpopulação da China. ...
- Espanhol. Com mais de 332 milhões de adeptos, o Espanhol também foi adotado como língua oficial da ONU. ...
- Inglês. ...
- Francês. ...
- Russo. ...
- Árabe.

Fonte: Google

Todas essas obrigações levam esse facilitador a nos fornecer informações valiosas no que tange aos recursos disponíveis na organização, recursos esses que o consultor não pode ficar receoso de utilizar. Observamos também que não deve se esquecer que, para tal, o uso deve ser sempre através de seus superiores e com a autorização desses, para que não tenhamos uma ruptura na comunicação em qualquer percurso de nosso projeto.

Manter os canais de comunicação abertos sempre.

Observando essas questões, você pode ter um facilitador poderoso, que, dependendo do tamanho da organização, facilitará sua demanda de recursos em matéria de tempo, competências certas aplicadas em processos específicos trazendo de imediato maior segurança ao resultado final.

CENTRO DE NEGÓCIOS

Outro facilitador importante é o de centro de negócios, também chamado de parcerias estratégicas. É formado por outros consultores, empresas ou profissionais autônomos que farão trabalhos rápidos afim de agilizar as correções de rumo demandadas.

Esses profissionais também podem funcionar como fluxos de

renda passiva, pois, como em nosso mercado trabalhamos com indicações, uma comissão que varia de 5% a 10% do valor a ser cobrado, além de ser justa, elimina aquela palavrinha ingrata chamada **"indicação"**.

Livre-se das indicações, isso causa a esperança em você de ser indicado e a obrigação do outro de indicar você. Lembre-se sempre somos todos profissionais e merecemos receber por nossos serviços, a contratação e as comissões devem existir sempre. Simples assim.

Os centros de negócios funcionam como tropas de elite, são compostos por pessoas altamente qualificadas, dentro de um grupo de exigências que estão inseridas no nosso código de ética ou algo parecido com isso caso você ainda não possua um escrito. Devem estar registrados em seus contatos, e, se possível, possuirem referências ou atestados de capacidade técnica consistentes. Obrigatoriamente precisam ser pessoas que comungam de uma das principais competências de nossa consultoria que se traduz em:

"Trabalhar sobre qualquer clima, situação ou pressão para entrega de resultados consistentes, com o cliente, sem o cliente ou apesar dele."

Nosso parceiro deve cobrar um valor que esteja ao alcance de nosso cliente, e estar disponível para o trabalho. Alguns consultores acham que precisam cobrar pelos seus serviços importâncias equivalentes a seu peso em ouro. Não trabalho com profissionais assim, sigo algumas regras, e uma delas é:

Quanto custaria para mim ou para empresa contratar um profissional especialista em executar procedimentos relativos aquele problema, e que me ajudaria com a solução, nem que para isso demandasse um pouco mais de tempo? É factível uma capacitação para execução desse trabalho?

Após comparar as duas possibilidades ajudo ao interlocutor a chegar a um bom termo.

Lembre-se sempre:

Lugar de estrela é no céu.....

Capítulo 3 – Novos locais de trabalho

Antes de mais nada acredito mesmo em espaços compartilhados como coworkings ou home offices. Esses locais trazem agilidade e economias bastante interessantes, desde que você seja um(a) profissional extremamente disciplinado. Caso contrário, você irá se tornar mais um recurso doméstico.

Pesquisas recentes mostram que o sentimento de pertencimento do Ser Humano faz com que aquele início de motivação de trabalhar no home office se dissipe, pouco tempo depois. A falta de comunicação e interação faz com que não consigamos produzir muita coisa. O fato de estarmos em um ambiente profissional, como é o caso dos coworking, que traz as novidades do dia a dia, nos leva a resolução de problemas de forma mais eficiente, eficaz e efetiva. A possibilidade de sermos reconhecidos como referência também é um diferencial, que os espaços de coworking reproduzem de forma natural.

Saindo do nosso campo, e indo para as corporações, vamos analisar a seguinte afirmativa - O simples fato de trabalhar em casa faz com que o colaborador produza mais, pois seu tempo de trânsito é transformado em "horas extras de trabalho".

Essa afirmativa torna-se questionável quando vemos empresas trocando essa proposta por ambientes compartilhados no próprio complexo, trazendo como diferencial a construção de academias e centros de convivência, fazendo com que seus colaboradores saiam "mais cedo" de casa em troca desses "mimos". Então por que, nós, consultores iremos remar na contramão?

Pensando em consultores dentro de seus home offices me faz lembrar da imagem daqueles sábios de filmes de capa e espada que são procurados por heróis em lugares de difícil acesso para que resolvam problemas complexos, e quando os encontram a única coisa que nos passam são enigmas mais complexos ainda e difícieis de solucionar. Ou seja, nos trazem mais problemas do que soluções.

Caso ainda não possua recursos para tal, faça constar de seu contrato a disponibilidade de uma sala com mesa, cadeira, ponto de internet e telefone. Passe a trabalhar no projeto em tempo integral dentro da empresa, mas nunca se esqueça de que será de forma temporária. Se tiver mais de um cliente será praticamente impossível ficar o tempo todo em um só local, e o mais importante para poder pensar "fora da caixa" é ter seu ambiente de trabalho separado de seus clientes.

Assine um contrato em um coworking e vá ser feliz.

Capítulo 4 – O que faz você feliz?

Parafraseando uma rede de supermercados bem conhecida no Brasil, fica difícil que os gurus de carteirinha, hoje chamados de coaching consigam achar a solução de todos os problemas dos bilhões de seres humanos do planeta terra. Eles somente dizem que - ao acordar devemos olhar o arco-íris que tudo será resolvido. Conheço vários profissionais dessa profissão que não trabalham dessa forma e trazem excelentes resultados. Então, caso tenha uma seção com um coaching que diga que irá resolver todos os seus problemas, fuja dele, pois esse personagem não conseguiu nem resolver o problema dele depois que foi demitido do último emprego, ou será que resolveu?

Falando em coaching, o que me intriga é ver executivos de ponta sendo enganados por pessoas que se dizem coaching, mas nunca comandaram uma empresa, ou nem mesmo gerenciaram nem suas próprias casas, contudo, após fazer um curso de "ultrapowermastercoaching", que custou uma verdadeira fortuna acham que estão prontos para resolver todos os problemas do mundo, desde que esse problema seja aumentar os números de sua própria conta bancária. Afinal de contas lhe prometeram que o retorno viria de forma rápida.

Muitas pessoas investem todo o seu fundo de garantia nesses cursos na esperança de "fugir" definitivamente da CLT. Não discrimino essa ideia, porém, desde que esse personagem possua uma história que o leve a atuar nesse campo de forma consistente e que traga resultados reais aos seus clientes. O fato de possuir um histórico de mentoria, onde formou vários líderes, desde jovem até a maturação desses dentro da organização por onde passou é um excelente começo. Não gosto de ver pessoas utilizando-se de técnicas de coaching em outros profissionais com problemas, sejam eles de relacionamento ou profissionais de forma automática com ferramentas prontas que sugerem resultados de sucesso. A orientação e a busca do sucesso estarão sempre baseadas em vivências anteriores, também chamados de mapas mentais que absorveram experiências parecidas, e que devem serem sugeridas, para seremsugeridas visando o próprio personagem, aqui chamado de mentorado, faça as suas escolhas.

Não sou favorável a esta profissão na forma como está desenhada, e irei justificar a minha visão através de um caso que aconteceu e que pode se propagar de forma exponencial através de horários nobres.

Sobre o que ocorreu em uma emissora de televisão, onde foi paga para veicular um tema bastante complicado de se tratar, que são os abusos ocorridos por mulheres em sua infância, sou enfático, quem trata desse tipo de situação é um outro profissional muito conhecido de todos nós chamado Psicólogo.

Conversei com vários profissionais das duas profissões, lógico, profissionais sérios e que respeito muito, e ambos foram claros, o assunto nunca poderia ter sido tratado em hipótese alguma por alguém que não possuísse formação em psicologia e com especialização específica, o que nos traz a seguinte conclusão, a abordagem foi totalmente sensacionalista.

Profissionais de coaching que trabalham de forma bastante profissional não estão nem disponíveis no mercado aberto, limitam seus clientes e não aparecem como "super astros", fazem um trabalho brilhante no que tange a preparação de planos de carreiras, troca de rumos profissionais, dentre outros casos.

Um dos profissionais de psicologia inclusive alertou que dependendo da abordagem que seja dada ao caso, abrem-se feridas ou janelas que para que sejam cicatrizadas ou fechadas levariam anos. Além de novos problemas que viriam advindos de uma abordagem inapropriada.

Quanto a qualidade do público que assiste televisão, como emissoras que oferecem programas televisivos como novelas, programas sensacionalistas, esportivos dentre outros, fiquei chocado com um post publicado no LinkedIn, onde o autor discrimina de forma bastante reprovável esse determinado público. Não podemos esquecer que vivemos em um "Estado Democrático de Direito" e que esses possuem o direito de assistir o que quiserem. A obrigação das instituições é ficarem alertas para fazerem o que o Conselho de Psicologia fez de forma brilhante. Posicionou-se, e fez com que sua veiculação atingisse níveis dignos de horários nobres. Ainda esperamos que a entidade de coaching se posicione de uma forma mais clara, inclusive assumindo seu erro e sua culpa no que tange a supervisionar o que foi veiculado, e quais as consequências que poderiam ocorrer com essa possível mensagem. O que pregam é que possuem excelência em tudo, fato esse que ficou abalado pela mensagem que foi passada pela emissora.

Então, o que faz um profissional feliz nos dias de hoje, é ter um propósito, seja ele de ter um emprego que o agrade, evitar a extinção das baleias, a fazer com que um empreendedor realize seus sonhos através do fruto do trabalho desse profissional, ou até mesmo o propósito de sair do vermelho após uma longa jornada desempregado.

Trabalho com mentoria a anos, e o que mais evito fazer é indicar coisas ou movimentos bruscos de meus mentorandos. Acho que cada um possui uma missão, e através dela, venhamos a nos tornar alguém que realmente fez a diferença.

Isso me faz feliz.

Capítulo 5 – O que não faz você feliz?

O consultor é um profissional que deve entender que não trabalha no regime de CLT, então o que nunca irá fazer um consultor feliz, e nunca aceite isso, é ser tratado por seu cliente como se fosse um colaborador daquela empresa. Vamos combinar, se fosse para ter esse tipo de relacionamento, e seu contratante deveria pagar a você, além do estabelecido no contrato, seus benefícios e todos os encargos trabalhistas que convém tanto a você como também ao Estado.

A relação começa a "azedar" simplesmente pelo fato de você não ser tratado como parceiro, que foi contratado para realizar um planejamento trabalhado de forma bastante profissional, e que, caso o cliente não cumprir, a possibilidade de obtermos um resultado catastrófico chega quase a uma possibilidade de 100%.

Deixando tudo mais claro....

Se com todo o corpo de colaboradores que a organização possui o problema não foi resolvido, por que esta organização precisa de mais um membro desse clube seleto?

Então, sempre que possível, lembre ao seu cliente qual tipo de relacionamento comercial ficou acertado em seu contrato de prestação de serviços ponto esse que iremos discutir mais à frente.

O que também não pode fazer você feliz é a falta de cumprimento de prazos estabelecidos no cronograma. Esse fato ocasionado pela equipe que foi disponibilizada para executar essa fase do planejamento. Sempre que possível, quer dizer ,"sempre" mantenha a chefia direta e o "dono" cientes de sabotagens ou problemas no cumprimento dos prazos com antecedência, e dependendo dos casos com riqueza de detalhes. Lembre-se sempre que é o seu nome que está em jogo.

Capítulo 6 – A reinvenção

Quando falamos em reinvenção, além dos fatores acima expostos, nós temos, e com centerza achar mais tempo para a família, para nossos estudos e para nós mesmos. O mal do século chama-se "smartphone/smartphones" que nos deixou amigos somente da telinha, presos em uma fantasia que nos entorpece e nos obriga a fazer parecer pessoas de sucesso 24 horas por dia. Porém, esse tipo de atitude só nos leva ao desapego das coisas do mundo, ao ostracismo, e por fim, em casos mais extremos, ao suicídio.

Esse círculo vicioso retira do consultor o seu bem mais valioso, o tempo. Esse bem deve ser utilizado de forma inteligente, como por exemplo, o tempo em reciclagens, convenções, leitura de livros, passeios com a família, dentre outras coisas que venham a enriquecer seu portfólio e a sua qualidade de vida.

Não se engane, aquele tempo perdido com os filhos não volta mais.

Para podermos mudar, temos que nos afastar dessas rotinas contagiosas e destrutivas. O smartphone deve ser uma ferramenta de trabalho e não uma prisão.

Um bom começo seria, após ler meu livro, claro, fazer a leitura de "O Poder do Hábito - Porque Fazemos o Que Fazemos na Vida e Nos Negócios - autor Duhigg, Charles - Editora Objetiva.

O primeiro paradigma que essa leitura quebra é o de não gostar de ler, pois se quer salvar sua vida, você tem até mesmo que aprender a ler e chegar ao final de suas leituras, coisa rara hoje em nosso País. No livro o autor nos orienta do porquê, quando você diz que não consegue aprender inglês, seu cérebro comunga dessa afirmação e cria defesas para que você realmente não aprenda.

Esse livro eu recomendo muito.

Leva tempo para que consigamos mudar, mas quando dizem que a mudança na empresa deve vir dos líderes, fico estupefato, pois se depender da maioria deles, meu caro amigo, você continuará no mesmo lugar que está hoje, ou até posso arriscar um palpite, será substituído por mais uma nova máquina ou software inventado por um jovem de quatorze anos.

A busca pela informação nunca foi tão fácil, é será através dela que você irá se tornar o profissional mais requisitado do mercado. Escrevi um artigo em meu blog a alguns anos atrás, que criticava a máxima de que as empresas devem investir na capacitação dos colaboradores, está aqui mais a frente e irão entender do porquê de não concordar com isso. Acho que empresas devem pagar bons salários , proporcioinar benefícios atraentes, dar feedback sobre *gaps* de carreira e orientar quais são as regras do jogo para que o profissional continue a progredir, ou seja, que ele vá em busca da resolução desses *gaps*.

Então, corra atrás de seus sonhos sem esperar que as empresas façam isso por você.

Lembro sempre que a quantidade de cursos gratuitos na internet ainda faz mais triste a realidade do profissional brasileiro, que não vê motivos para elencar dificuldades de capacitação para melhorar sua carreira, mas não é capaz de fechar o facebook ou linkedin e abrir a página do Coursera, dando apenas um exemplo. Então, ao fechar esse livro, não abra uma rede social para inventar histórias daquilo que você não é, ou que gostaria de ser, vá estudar, e dar orgulho a sua família, ou se não tiver uma, dê orgulho ao seu animal de estimação, pois ele espera que a noite você lhe dê carinho e um prato de ração.

O que o consultor empresarial tem a ver com esta afirmação? Tudo, pois a sua ferramenta mais importante é a sua mente que deve estar afiada e capaz de trazer soluções aos problemas de seus clientes. Desta forma, se você não possui a facilidade de pesquisar, de se reciclar, ou até mesmo de aprender uma nova tecnologia ou idioma, lamento informar meu/minha caro(a) amigo(a), para o mercado de consultoria empresarial você estará desqualificado.

O que escrevo nesse livro parece óbvio, porém as pessoas que alcançarão o auge, não estão nas redes sociais, estão em escritórios ou conglomerados resolvendo problemas de empresas ou em laboratórios tentando alcançar a cura de doenças assombrosas.

Então, vamos estudar?

A reinvenção passa por um plano de carreira? Sim e lamento informar que, nos dias de hoje, se você não tiver um você está correndo de um lado para outro, sem rumo, procurando razões para justificar porque o mercado não se interessa pelo seu trabalho.

Procure no google: Urso colimério.

O que você escreveu ontem em seu plano de carreira, hoje já pode estar obsoleto, então ele não pode ser escrito e ficar guardado dentro de uma gaveta, e a conclusão do curso de graduação ou de um idioma, deve estar latente em sua cabeça para lembrar a você que deve todo dia estar na sala de aula ou trancado em seu quarto ou escritório terminando o trabalho de seu curso EAD.

Então foque sempre nos resultados, atualizando seu plano de carreira, sua carteira de clientes e sua rede de contatos além de sua agenda que deve estar mais do que nunca sempre em dia.

O consultor empresarial precisa realizar exercícios, e aquela desculpa de que não possui tempo para se exercitar transforma você em uma pessoa lenta, estressada e sem mais uma rede de contatos valiosa.

Outros profissionais da área, empresários e futuros empreendedores lotam esses locais. Muitos deles ávidos a encontrar soluções para seus negócios, o que proporciona a você, logicamente de uma forma sutil em um intervalo e outro tomando água, suco ou um suplemento alimentar, encontrar uma grande oportunidade de prospecção de negócios. Observe possíveis oportunidades de negócios, naturalmente os assuntos fluem, e de uma hora para outra lamentos são pronunciados e a simples oferta de tomar um café sem compromisso pode render bons negócios.

Convenhamos, existe coisa melhor do que conciliar trabalho e lazer em um só ambiente?

Capítulo 7 – Valor dos serviços

Você sabe quanto você vale para seus clientes? Se não souber deveria saber. O propósito de realizar ganhos de forma justa para ambos os lados está justamente nesta conta básica que a maioria dos seres humanos do mundo não sabem fazer. Alguns cobram valores acima do mercado e nunca conseguem fechar um negócio e outros assinam contratos que os fazem lamentar por grandes quantidades de tempo por não ter negociado um preço justo.

Uma vez conversando com alguns consultores fiz o questionamento que todos deveriam se fazer...

Quanto vale seu passe?

O que você entrega para seu cliente e de quebra para a sociedade onde vive? A resolução dessa fórmula está em quantificar qual o prejuízo ou lucro que seu cliente irá obter ao contratar seus serviços caso você venha a conseguir sucesso nesse projeto.

Por que projeto?

Conceito

O conceito de projeto pode ser definido como um esforço temporário empreendido para criar um produto, serviço ou resultado, são atividades ou empreendimentos que têm início e fim programados, devendo resultar em um serviço ou produto.
Fonte: Google

Lembre-se sempre que seu trabalho no cliente deve ter um fim. Podem até aparecer outras demandas, porém se você está a mais de dois anos fazendo a mesma coisa para que foi contratado na assinatura do contrato, pode ter certeza que seu cliente não indicará você para ninguém, pois lamento informar você trabalha na modalidade de CLT sem carteira assinada, não recebendo todos os benefícios a que teria direito, inclusive.

Conheço profissionais que possuem até cargos com plaquetas na porta e tudo dentro de empresas, porém, trabalham como consultores, não monetizaram os valores corretos para que fossem compensados esses benefícios e vivem se lamentando pelos cantos que os valores acordados não foram justos.

Então, lembre-se de quantificar seu trabalho. Oferecemos aqui uma pequena sugestão para você.

Fórmula:

Seu preço = percentual de valores auferidos com a eliminação do problema

Ou

Seu preço = Percentual do lucro auferido pelo resultado de sua solução

Para justificar essa afirmação, fui contratado por um cliente para resolver um problema crônico em sua empresa. A rotatividade de seus colaboradores mais conhecido como turnover era muitíssimo alta e o valor nas rescisões girava em torno de R$ 30.000,00 (trinta mil reais) em média por mês, isso significava 10% de toda a força de trabalho de sua empresa aprocimadamente.

Combinamos que eu receberia um valor "x" diluído por um determinado período do projeto, e caso o problema fosse resolvido, eu receberia R$ 30.000,00 (trinta mil reais) como bônus de sucesso no encerramento do contrato. Ao final dos serviços o cliente ficou muito satisfeito com o resultado, e consequentemente não preciso dizer que eu também.

A fórmula de saber o quanto de você custa virá sempre da resultante de sucesso de seus serviços que lhe darão um feedback seguro de uma dúvida que sempre nos cerca. Será que fiz um bom trabalho? A resposta está na assinatura por parte do cliente do atestado de capacitação técnica.

Tente sempre negociar os termos com seu contratante de forma que haverá valor justo para ambos os lados.

É sempre bom saber se você deve melhorar seus resultados, solicitar atualizações em seus contratos ou até mesmo, por vergonha, procurar um emprego.

Capítulo 8 – Agentes tóxicos nas organizações

Em um recente trabalho de procedimento de estudo de clima organizacional em um cliente, foi detectado um pequeno desvio comportamental em uma divisão da empresa. O alto *turnover* já indicava algo bem interessante a ser estudado, e a medição do clima de satisfação dos colaboradores daquele setor fugia completamente dos parâmetros medidos nos outros setores da mesma empresa. Ao criar um processo específico que foi incluído no trabalho de recrutamento e seleção para uma vaga específica daquele setor tivemos a possibilidade de detectar um "agente tóxico" que era o responsável por parte dos problemas ocorridos, no que tange a qualidade de vida no ambiente de trabalho e no desempenho de todos. Ao detectar e isolar o caso, tivemos como tratar a situação, e, ao validar o diagnóstico, através de uma intervenção, conseguimos resolvê-lo, trazendo para o setor, meses depois, uma produtividade acima da média histórica desde a sua criação, pois todas as entregas a seus clientes internos possuíam um nível de excelência bem acima da média de seus mesmos setores em outras empresas. O que travava essas entregas? Os colaboradores sentiam-se acorrentados ao agente tóxico que na empresa possuía um certo poder e utilizava-se desse para fazer chantagens com os colaboradores.

O que nos possibilitou a detecção deste agente tóxico foi a oferta de um serviço de recrutamento e seleção onde inserimos uma ferramenta de mentoria que faz a inserção do novo colaborador em seu ambiente de trabalho. A análise do ambiente com a ferramenta certa que possibilitaria a detecção foi direto na anomalia, e o próprio agente tóxico, como de costume, não percebeu que estava se entregando de bandeja através de seu comportamento. Este caso revela que, se os gestores não estiverem atentos ao seu ambiente de trabalho, e aos indicadores apresentados podem levar toda uma organização ao fracasso, já que a anomalia em um setor pode contaminar os outros setores, seja por falta das tão faladas "entregas aos clientes internos", bem como ao tempo perdido com o absenteísmo de colaboradores que começam a se projetar com o mal do "domingo à noite" e se espalha com o presenteísmo, trazendo o sentimento de estar presente mas não realizar as entregas necessárias para o cumprimento de suas obrigações. Concluo este tópico alertando aos gestores que não possuem um sistema de recrutamento e seleção que faça a inserção do novo colaborador no ambiente de trabalho através de uma mentoria profissional que o crie, pois a primeira impressão que o novo colaborador tiver da organização poderá acompanhá-lo por todo o breve período que estiver na empresa, e nesse caso, todo o tempo e recursos gastos no processo, se perdem, causando um prejuízo incalculável.

Programas de inserção de colaboradores possuem seu custo, porém não são comparados aos custos de rescisão de contratos, novos recrutamentos e seleções, capacitações e novas ambientações, nesse último caso, se é que essas ambientações acontecem.

Capítulo 9 – Respeito as diferenças através dos perfis comportamentais

Realizei um estudo para recrutamento e seleção de uma vaga específica e tive a grata surpresa de saber que uma das principais exigências para a vaga de representante comercial era a de "ser reservado e pouco comunicativo". Ora, na maioria das vezes vemos que para esse perfil é exigido que, pelo menos, o candidato tenha em seu "arsenal de competências" o Poder da Comunicação.

É aí que está o principal comportamento a ser observado. Os candidatos costumam, no afã de mostrar desempenho, falar demais e não o que deveria realmente ser transmitido. Para isso indico o livro - obrigado pela informação que você não me deu - CAMPUS ELSEVIER de Normann Kestenbaum. Esta obra de arte prova que menos é mais na comunicação.

Fiquei surpreso ao fazer a análise da ficha de cargos e documentos inerentes a vaga que era isso mesmo que o cargo exigia, muito bem descrito e até mesmo em seu procedimento operacional padrão (POP) dizia como um representante comercial deveria agir para que fosse extremamente reservado e que usasse uma comunicação o mais restrita possível e altamente eficiente, eficaz e efetiva.

Isso nos faz usar o cérebro e ver que não podemos jamais rotular/generalizar competências para cargos sem antes analisar o que realmente a vaga demanda. Observo que erroneamente muitos recrutadores possuem uma "receita de bolo" pronta e que dizem que são capazes de realizar qualquer seleção com esta receita de uma forma fantástica.

O mais grave é que utilizam essa "receita de bolo" em larga escala, tentando empurrar regras em culturas enraizadas, sem nem mesmo entendê-las. Depois lamentam por não obter os resultados esperados e tentam colocar a culpa em quem não foi o responsável pelo fracasso.

Não adianta, sabemos que realizar recrutamento e seleção é uma arte, e em paralelo me arrisco a dizer que tal processo realizado por um bom recrutador é igual a vinho, quanto mais experiente maior a probabilidade de conseguir êxito em uma profissão tão apaixonante e ingrata ao mesmo tempo.

Meus sinceros respeitos aos profissionais de gestão de pessoas.

Quem nunca se deparou com o "Colaborador dos sonhos" ou "A joia a ser lapidada na Organização" que de repente tornou-se a maior decepção de seu trabalho junto ao profissional de Gestão de Pessoas?

Pessoas são assim, e como tal, temos a obrigação de estarmos constantemente em processo de capacitação e aprendizagem para que possamos sempre estar à frente de nossos processos, ou ao lado deles pelo menos. Devemos sempre agir como mentores e mentorandos, através de indicadores baseados em evidências e sempre trocando experiências capazes de **APRENDER e REPASSAR CONHECIMENTOS.**

E um recado aos profissionais, consultores de qualquer segmento, que se trancam em seus escritórios e não procuram repassar experiências, achando que irão perder mercado. Saiam da toca, respirem novos ares, e deixem que as pessoas saibam que vocês existem, pois o medo de perder mercado será sua sepultura.

Retornando ao nosso caso, ao final dos trabalhos, depois dos testes com cada candidato, cheguei à conclusão que ainda tenho muito a aprender nesse mundo tão fantástico de Gestão de Pessoas, uma das minhas áreas favoritas.

Esses pequenos detalhes o consultor empresarial deve assimilar, pois são eles que irão fazer a diferença, por exemplo em um trabalho de consultoria que levará a validação de fichas de cargos com o objetivo de uma redução de turnover.

Capítulo 10 – Capacitação é importante…. Quem paga a conta?

Temos sempre a impressão de que, estamos ficando obsetos pela gama de cursos, palestras, workshops, dentre outars formações que são oferecidos todos os dias. A impressão que dá é que temos que estar atualizados nas melhores ferramentas inerentes ao nosso cargo, e que se não o fizermos estamos correndo o risco de, amanhã, não estarmos mais com os atributos adequados a empregabilidade.

Sim, nós consultores empresariais, apesar de não sermos CLT, temos que estar dentro do grupo chamado, possíveis empregáveis, pois estamos todos em uma prateleira, que, apesar de não ser a do CLT, o cliente olha e escolhe sempre aquele que, além de estar melhor preparado, sabe se vender melhor que os outros.

Ma cuidado com os modismos, pois dentro de nossa profissão, é o que mais aparece. Portanto busque ferramentas já consagradas, já que mostraram resultados, e trazem credibilidade a profissão. Costumo dizer que formação é igual a smartphone novo, evite comprar lançamentos, espere sua maturação, ou faça como eu, seja fiel a sua marca.

Enquanto mantemos o máximo de esforço para buscar melhor capacitação dentro das "megatendências" que o mercado nos oferece, na maioria das vezes, tendo que investir de nossas economias, as empresas usufruem dessas habilidades, sem nem mesmo analisar uma melhoria no contrato ou fornecer algum benefício.

O título é oportuno pois, são raras as empresas que investem na capacitação de seus colaboradores no intuito de manter um plano capaz de alinhar suas estratégias a capacitação desses. O interessante e cabe, no caso do Brasil, um estudo bem sério no que tange a saber o que as empresas querem. Até mesmo na hora de contratar oferecem vagas as quais estão prontas para serem ocupadas pelos próprios colaboradores locais. Fiz uma vez um serviço de consultoria onde o cliente precisava de uma reestruturação de sua marca, ou seja, da contratação de um profissional de marketing. Qual foi a minha surpresa quando procurei o setor de recursos humanos e ao realizar uma análise documental nos currículos dos colaboradores, pasmem, existia um jovem que possuía todo um portfólio de produtos que a empresa necessitava, e que ele próprio havia produzido para oferecer ao seu chefe, mas estava com medo de fazê-lo e perder o emprego de caixa. Ao analisar o material, a logomarca que solicitei que fosse criada estava entre esse portfólio, linda, feita com muito carinho, porém ainda aprisionada naquela pasta preta com outros excelentes trabalhos.

No fundo aprendemos que cada problema poderá ser tratado de várias formas, porém, todas elas deverão atingir as premissas do plano de negócios da organização que é auferir lucro.

Defronto-me todos os dias com empresários que ao serem apresentados a um processo de consultoria a primeira coisa que fazem é dizer: "nossa empresa não precisa de nenhum processo de consultoria".

E depois de um tempo e muitas conversas aleatórias chegam a uma conclusão.

(precisam)

Capítulo 11 – Remédios amargos

Em todos os trabalhos, ao analisar o que meu futuro cliente necessita, sempre incluo dentro do projeto um valor específico para uma possível necessidade de capacitação, o que me dá fôlego para realizar durante um projeto um curso rápido que venha a fechar um *gap* de competência que possa acontecer.

Ganho de duas formas:

1. Não preciso buscar alguém na minha cesta de negócios.

2. Passo a ter mais uma capacitação em meu portfólio.

Sempre devemos lembrar ao empresário que ao assinar um contrato de consultoria ele precisa parar para pensar o seu negócio, e se não tiver tempo para fazê-lo já que está preocupado em manter o foco em seu "core business" deveria ser assessorado por alguém com tempo para estudar de forma específica e fornecer essa assessoria necessária.

Nesse caso, voltamos a origem de nossas preocupações, quem paga a conta é sempre quem está interessado em fazer o melhor para si, sua empresa e sociedade. Então caro leitor, quem paga a conta é sempre aquele que quer estar sempre a frente dos outros consultores, e que através dessas capacitações fala com propriedade e entrega resultados consistentes sem nem mesmo saber se os seus clientes estão interessados em usar essas expertises e manter a empresa onde atuam vivas. Desta forma concluo, pense sempre na seguinte situação;

No que tange a intervenções em empresas, temos que tomar toda a cautela, pois intervenções, chamadas também de mudanças organizacionais, quase nunca são bem vindas, faz parte de nossa natureza não querer sair da "zona de conforto". Sendo assim, ou você como consultor consegue apoio da alta direção para implantar as mudanças necessárias, que algumas vezes devem passar por cortes específicos de agentes tóxicos que estão "sabotando o projeto", ou estará fadado a ter grandes dificuldades para fazer o projeto andar.

Quando falamos em cortes, não temos esse poder dentro da empresa, lembre-se que sempre estaremos na posição de assessorar, a direção, porém, relatórios bem redigidos com indicadores de desempenho dos envolvidos no projeto poderá dar sinais de quem devem voltar ao mercado de oferta de trabalho.

Não se engane, remédios amargos, como dizia a minha avó, são os que realmente fazem efeito, e caso você não os tenha preparados no projeto, e não tenha a expertise para dar andamento e cria-los, sugiro que pare imediatamente volte no início desse capítulo, e caso não tenha previsto orçamento para reparar esse *gap*, vá então a sua cesta de serviços e busque ajuda.

Atualize-se com aquilo que lhe faz feliz, e que gerará valor a

você como ser humano.

O restante, pecuramos evoluir e dançar conforme a música.

Capítulo 12 – Empreendedor no Brasil

Vamos fazer uma pausa em nossa conversa de consultor e ler um texto que publiquei em meu blog há alguns anos atrás que ainda acho bem atual.

Converso diariamente com vários empresários e não me surpreendo quando escuto a mesma afirmação. "Onde estão os recursos destinados a socorrer as Micro e Pequenas Empresas Brasileiras anunciados pelo Governo?

A burocracia e a quantidade de exigências fazem com que esses empresários caiam em arapucas, onde os juros são proibitivos e muitas das vezes inalcançáveis pela situação de inadimplência que a organização se encontra. Com o fechamento dessas empresas, famílias caem na clandestinidade e perdem a chance de crescerem como seres humanos e a darem aos seus filhos um futuro promissor.

Empresas são mecanismos sociais que através de seu funcionamento enobrecem a cidade onde atuam e irrigam de recursos toda a rede econômica local. Quando o Estado não fiscaliza os recursos que disponibiliza, esses recursos caem nas mãos de pessoas inescrupulosas, além de desacreditar todo um País, deixa de ajudar empresas sérias, muitas delas familiares para ensopar bolsos de pessoas que abrem e fecham empresas e levam toda a esperança para fora do País.

Enquanto não nos livrarmos desses parasitas que somente querem dinheiro para gastar com luxos e prazeres pessoais e tivermos a consciência de que devemos fomentar o acesso à educação e ao empreendedorismo, continuaremos a mercê de obras interessantes como as que foram construídas no Rio de Janeiro para as Olimpíadas de 2016.

Quando vi o local onde ouve a recepção dos Atletas Olímpicos e percebi que as simples placas de grama que cobriam um dos muros estavam pregadas por estacas, eu não acreditei - Ora, até a grama foi colocada com atraso.

Precisamos urgentemente de acesso à educação, e que as próximas gerações possam produzir CIÊNCIA aqui em nosso Brasil. Não possuímos especialistas em projetos, ou se existiam foram embora já que não conseguimos terminar sequer um projeto de forma responsável. Não quero falar em obras atrasadas que geram mais dinheiro em contratos aditivados, isso é claro como a luz do sol.

Quero acreditar que um dia ainda verei e terei orgulho de morar

no país chamado Brasil.

Capítulo 13 – Comunicação nas redes sociais

Volta e meia nos surpreendemos com postagens de pessoas que tentam passar uma informação falando desenfreadamente de assuntos desconexos, porém polêmicos. Ao fazer um comentário para se posicionar sobre o assunto é que percebemos que caímos em uma "cilada emocional", que nos leva a participar de um turbilhão de opiniões/emoções represadas que podem muitas das vezes levar a caminhos perigosos. Quando pessoas começam a fazer afirmações de coisas que você nem falou e perceber que o assunto começa a tomar proporções a viralizar, você começa a querer se arrepender de ter dado a sua opinião sobre aquilo.

Como reverter situações como essas em um mundo fadado ao emocional, no qual pessoas passam a "linchar" as outras sem nem mesmo conhecer seus passados?

Tente manter-se o mais profissional possível, muitas das vezes o "silêncio" é a melhor resposta, ou até mesmo entre em um sistema de respostas em looping. Não correrá o risco de sair dos trilhos e dar motivos para novos apedrejamentos. Os mais inteligentes perceberão que o assunto se esgotou nele mesmo.

Por isso, antes de postarmos nossas opiniões em postagens polêmicos, devemos pensar bem, onde podem parar quaisquer opiniões que possam advir de nosso mapa mental. As pessoas querem postar suas opiniões através de seus mapas mentais, mas não querem ouvir ou não possuem maturidade suficiente para assimilar opiniões contrárias, e, na maioria das vezes, os sensatos acolhem suas opiniões apenas com "joinhas" e os mais exaltados com expressões irreparáveis. Antes de dar "ENTER" leia e releia o que pretende apresentar como "sua opinião", pois o estrago a sua imagem pode ser irreparável.

Capítulo 14 – Palavras e a responsabilidade de quem as profere

Ando meio preocupado com palestrantes, coaching e outros "super-heróis" que, no afã de conseguir novos seguidores proferem frases como "se não correr atrás dos seus sonhos terá que realizar os sonhos dos outros" como se todo mundo quisesse ser empreendedor, ou até mesmo que todos pudessem ser.

Trabalhamos todos os dias, sejamos consultores, empresários, colaboradores ou profissionais liberais, realizando sempre nossos sonhos, alimentando nossas famílias e pagando nossas contas. Muitas das vezes estamos em posições nas quais não queríamos, mas somente estamos nesta situação porque nós mesmos nos colocamos lá.

Está aí um prato cheio.

O Alvo dos nossos Super-heróis são pessoas insatisfeitas com seus trabalhos, mas essas pessoas somente estão por lá porque precisam pagar suas contas. Ora isso não quer dizer que a salvação delas tem que ser a de virar empreendedoras, talvez uma mudança de carreira que sempre vem aliada a estudos árduos, pois ninguém chega ao sucesso sentado em um banco de auditório ouvindo outra pessoa "de sucesso" falar aos seus ouvidos.

Conheço pessoas muito simples no seu dia-a-dia que possuem mais bens do que muitos empreendedores que, por situações sócio econômicas dos últimos 5 anos estão atolados em dívidas pois queriam realizar seus sonhos de sucesso e não conseguiram e quando olharam para o lado, viram seus colaboradores assinarem contratos de financiamento de casa própria através dos programas de governo pois recebiam seus salários em dia, mesmo alegando que o trabalho que faziam não era aquilo que queriam para si.

Ninguém realiza seus sonhos sem esforço, e quando vejo nossos super-heróis postarem fotos de pessoas com BMW's e iates, fico pasmo, e penso, do porquê fazem isso? Ora, fazem para atrair os insatisfeitos que buscam o sucesso pelo mínimo esforço, porém com a finalidade de atraí-los para suas palestras a preços exorbitantes que causam furor aos assistentes que se confortam momentaneamente pela adrenalina casada pelos shows de pirotecnia desses eventos. Pasmem, tem gente vendendo ingresso de palestra para apresentar o que aconteceu no CONARH 2018.

Não estou aqui para "queimar" os palestrantes ou outros meios de veiculação de informação, mas tem gente que perdeu emprego virou coaching e agora intitula-se como coaching integral sistêmico. Procurei o conceito na internet e fiquei arrepiado de ler somente as primeiras linhas de seu significado. Seja lá o que for, deve-se levar pelos menos uns 10 anos para que possam mexer "nessas águas profundas" existentes nas cabeças das pessoas com o mínimo de segurança e não causar profundos traumas que somente serão curados com anos de tratamentos psicológicos.

Para fechar esse meu pequeno devaneio, solicito aos nossos leitores que, verifiquem nas entrelinhas o que as pessoas querem dizer com suas frases fantásticas que, na maioria das vezes só levam a enriquecer quem as profere.

Capítulo 15 – Na correria, alguém tem que nos parar...

No último trabalho realizado encontramos um exemplo de "risco não calculado" onde o empreendedor não tinha a mínima ideia dos riscos que estava correndo de não possuir o mínimo controle financeiro aceitável. Apesar dos alertas e das muitas evidências apresentadas decidiu continuar a cometer os mesmos erros o que nos levou a rescindir o contrato de consultoria.

Em nosso curso de formação de consultores empresariais (FCE) discorremos também sobre a hora que devemos sair. A cada momento que ficamos, aumentam as responsabilidades aplicadas ao projeto. Após muitos comunicados informando aos clientes os riscos e sua teimosia em manter o "status quo" temos que sair, pois se insistirmos no erro, mais a frente gerará com certeza reclamações e insatisfações, alegando que os problemas advindos pelo tempo foram "causados pela consultoria". Clientes bons são aqueles que implantam os processos e juntamente conosco analisam os indicadores e trazem novas informações que agregam valores para continuarmos juntos a desbravar nossa sina de ser empreendedor no Brasil.

Tenho um cliente de muitos anos que, mesmo não tendo nenhum contrato ativo, me liga para pedir algumas orientações pontuais, claro que não cobro nada dele, pois somente este mês já indicou mais três novos clientes. Consultor é como médico, só que nesse caso, faz o diagnóstico da organização, e, de vez enquanto de pessoas, valendo-se de outros parâmetros e com certeza os guardamos para nós.

Sobre a arte de trabalhar como consultor empresarial, traz em seu cerne nunca ter respostas prontas para tudo. As respostas aparecem com o tempo, através de pesquisas, entrevistas, reuniões, brainstorms, planejamentos, execuções, análises, retroalimentações, análises, e assim vai. Consultor empresarial que tem resposta para tudo está fadado a cometer erros primários, e logo depois vem aquela frase tão angustiante "Como não percebi? Estava na minha cara e eu não vi isso?" Esta situação é mais comum do que possa parecer, e o tempo como não para, se não utilizarmos com sabedoria cobrará caro mais a frente. Pode ser por meio de prejuízos a nossos clientes como também prejuízo para nós, que perdemos um cliente tão difícil de conseguir atualmente.

Parar para analisar o todo.

Ganhar a confiança das pessoas é um ponto primordial para o andamento dos trabalhos, e a eliminação de agentes tóxicos faz parte da confiança que o consultor adquire tanto dos empresários quanto dos outros colaboradores, que sofrem com esses "parasitas" que colam na jugular dos diretores buscando agradá-los o tempo todo e fazem das intrigas suas armas mais comuns para manter seus cargos.

Podemos dizer que a situação é difícil, porém, quando resolvida parece que saímos de uma tempestade, a empresa começa a ganhar luz, e os processos começam a se desenvolver. Recebi um feedback de um empresário que disse: "Se soubesse da situação antes não teria perdido pelos menos 4 excelentes colaboradores que foram "torrados" por esse agente."

Tudo é uma questão de parar e observar.

No final, nós consultores temos que ficar atentos ao que acontece nas organizações. Os amigos dos empresários não são pessoas, mas sim famílias inteiras, que dependem do desempenho de suas empresas para que possam receber todos os benefícios auferidos por colaboradores que ajudam essas empresas a cada dia tornarem-se um lugar melhor.

Como indicação para o que já repeti aqui algumas vezes temos o livro pequenino, mas de grande ajuda chamado "Óbvio Adams" do autor Updegraff, Robert R., vale a pena a leitura.

Caro leitor, nunca é demais relembrar que os problemas mais angustiantes serão resolvidos da forma mais simples, a solução está a nossas vistas e será, como já falei em 90% dos casos resolvidos com recursos existentes na própria organização.

Não custa relembrar que o consultor observa, respira, pesquisa, testa suas ferramentas, verifica resultados e sugere retroalimentações através deles de forma segura sempre buscando resultados consistentes.

Consultoria Empresarial
Resolução de problemas complexos de forma simples

Capítulo 16 – Processos x inovação

Gosto muito quando novos textos fazem minha cabeça tilintar como se fosse uma "supernova" e quando confrontam duas superpotências da ciência então, isso vira um prato cheio para discussões sadias.

Uma discussão no LinkedIn me fez abrir esse post que trata da afirmação que processos matam a inovação. Como seria para um programador, se não utilizasse de algoritmos, que nada mais são do que processos muito bem estruturados para se chegar as maravilhas da inovação que são os programas de computador?

O que seria do setor de saúde se não utilizasse de processos muito bem estruturados que salvam vidas todos os dias, inclusive, dando segurança a esses profissionais fantásticos que vivem sobre pressão e no fio da navalha todos os dias. E quanto aos profissionais da aviação que todo o tempo guiam os destinos de milhões de pessoas através de protocolos muito bem estruturados?

Nem todos os segmentos podem fugir de processos montados, primeiro porque são usuários e dependem desses processos, por exemplo para manterem pessoas vivas, segundo porque os processos ajudam a manter uma certa racionalidade e controle em todo o meio Organizacional. Como falou o grande mestre Peter Drucker "se você não pode medir, você não pode gerenciar". As empresas que possuem a área de Pesquisa e Desenvolvimento o famoso "P&D" são exemplos de que os processos não atrapalham o bom andamento da organização, pois recebem maciçamente novas ideias dos usuários, que acham falhas nos processos ou novos meios de trabalho, diminuindo operações, as testando e colocando em prática, logicamente através de novos processos. Acho que uma coisa não mata a outra, mas devem andar juntas. Nada mais legal do que poder contar os resultados obtidos através de um bom processo, porque se não der resultado irá demandar novas pesquisas para se chegar a novas soluções.

Capítulo 17 – Resolução de problemas complexos de forma simples

Se você chegou até aqui, significa que agora está preparado para a "cereja do bolo" de nosso livro. Vamos falar do fluxo de trabalho dentro de uma consultoria. Explicando melhor seria o desempenho que nos faz ter sucesso, executando trabalhos, retrabalhos, avançando, recunado ou contornar como objetivo de consertar fracassos todos os dias. E não esqueçam, não desanimem, pois os melhores aprendizados não estão nas vitórias, e sim na absorção das experiências advindas de nossos fracassos.

Para os que aceitaram trilhar pelos caminhos da consultoria empresarial precisam saber logo de início que seu trabalho deve ser chancelado por uma metodologia, aqui em nossa empresa trabalhamos norteados pelos sistemas de gestão baseados nas normas NBR ISO. Automaticamente, quando contrato ou indico um profissional da minha cesta de negócios, me sinto mais seguro, pois, para fazer parte desta cesta esse consultor, empresa ou profissional deve estar alinhado com alguma(s) dessa(s) normas, seja de gestão de qualidade, de risco, ambiental, dentre outras.

Preparando nossas ferramentas de consultoria

Sempre digo que todo o consultor precisa de ferramentas para trabalhar. Considero suas principais ferramentas para início dos trabalhos antes de sua entrada no cliente:

- Dres Code
- Rapport
- Montando um portfólio.
- Fichas de análise de empresas.
- Formulários de entrevistas de clientes.
- Ficha de pré diagnóstico.
- Relatório de visita.
- Atestado de capacidade técnica.

- Propostas comerciais.
- Contratos de consultoria muito bem definidos.
- Agenda poderosa.
- Drive na nuvem.
- Smartphones.
- Expressando pensamentos a partir do zero.
- CRM. e
- Livros, muitos livros.

O carinho com a confecção e atualização desses documentos deve passar por uma escrita impecável, uma comunicação lógica e eficiente tanto nas apresentações como nas propostas comerciais enviadas. Além de um papel de encantar os olhos onde estará seu contrato de serviços de consultoria.

Consultor trabalha com imagens que encantam.

O consultor investe em sua imagem, em seu portfólio, em suas apresentações e em suas canetas, que, com certeza, não são compradas em papelarias comuns, e nem são aquelas recebidas como brindes em seminários ou workshops. Seu bloco de anotações deve ser personalizado com a logo de sua empresa, ou, sempre vale a pena investir em algo com estilo do tipo moleskine.

Dress code

Conceito

Traduzido do inglês-Um código de vestimenta é um conjunto de regras, muitas vezes escritas, com relação a roupas. Os códigos de vestimenta são criados a partir de percepções e normas sociais, e variam de acordo com o propósito, circunstâncias e ocasiões. Diferentes sociedades e culturas tendem a ter diferentes códigos de vestimenta.

Fonte: Google

Ainda vivemos em uma sociedade que preza pela regra básica de um código de vestimenta, e atitudes. E nada melhor do que um terno reservado para homens e um tailleur para mulheres. Nunca fuja de conceitos básicos como esses. Quando da pesquisa do cliente, veja qual é o "dresscode" daquela empresa, acertando o traje acontece o que os psicólogos chamam de rapport, e a conexão é imediata, e isso já é um excelente começo.

Reserve sempre alguns trocados para adquirir ternos, sapatos, camisas, cintos, saias, dentre outros assessórios de primeira necessidade, pois como diz o ditado popular, a primeira imagem sempre será a que fará um pré-conceito de seu serviço.

Rapport

Conceito

É um conceito do ramo da psicologia que significa uma técnica usada para criar uma ligação de sintonia e empatia com outra pessoa. Esta palavra tem origem no termo em francês rapporter que significa "trazer de volta".

Fonte: Google

Quando tentamos agredir esse código, automaticamente as portas se fecham, mesmo que momentaneamente, e o canal de comunicação se restringe a esperar acabar a reunião e sair correndo daquele ambiente. A não ser que você consiga mudar essa percepção com argumentos muito bem estruturados.

Um conselho, deixe para demonstrar seu estilo em um happy hour depois de seu horário de expediente. Se quer um exemplo para mulheres, procure no google a figura da personagem de "armas na mesa" com Jessica Chastain e de "a negociação" com Richard Gere para homens.

Montando um portfólio

Sabemos em quê somos bons, e, nem sempre essa expertise está sendo demandada pelo mercado. Então voltemos ao capítulo 6, lembrar atentamente o que combinamos por lá. Sua matriz SWOT deve estar muito bem alinhada com esse portfólio e o que o mercado demanda deve constar tanto de suas fraquezas como também das oportunidades.

Matriz SWOT

Conceito

Em Administração de Empresas, a Análise SWOT é um importante instrumento utilizado para planejamento estratégico que consiste em recolher dados importantes que caracterizam o ambiente interno (forças e fraquezas) e externo (oportunidades e ameaças) da empresa.

Fonte: Google

De posse dessas informações, busque no mercado os cursos ou ferramentas necessárias para preencher esses gaps e depois disso, e somente depois, vamos falar de nosso segundo passo que é...

Fichas de análise de empresas.

Um consultor de sucesso nunca chega a um cliente sem antes ter montado um dossiê dessa empresa. O primeiro passo é montar um modelo de dossiê que atenda as suas necessidades. Em uma ficha de análise de uma empresa devem constar os dados de fácil captação e consolidação que ficam disponíveis no site. Teremos também que colher dados mais trabalhosas como por exemplo informações de inadimplência junto ao fisco, ministério do trabalho dentre outras que demandam pesquisas em sites específicos, alguns pagos e outros totalmente gratuitos que dará a você a oportunidade de oferecer serviços que nem mesmo o cliente estava esperando. Ao final, com dados transformados em informações poderemos obter o mais importante para oferecer serviços bem estruturados, teremos conhecimento.

Se você não trabalha sozinho, e a reunião com seu cliente será composta por vários consultores, prepare uma apresentação inicial com os dados coletados e apresente a esses consultores de forma a clarear a todos quais pontos poderão ser abordados como possíveis oportunidades de negócio.

Dossiê

Conceito

É uma série de documentos importantes que tratam, revelam a vida de um ou mais indivíduos, de um país, de uma instituição etc.

Fonte: Google

Formulários de entrevistas de clientes

O formulário de entrevistas de clientes deve fornecer a você todas as informações que precisam e devem ser obtidas para a realização do projeto. Portanto além de montar um formulário de entrevista com bem definidos, começando com a identificação da empresa, proprietário/sócios, endereço, CNPJ, capital social, dentre outras informações que achar relevantes, o "painel de guerra" deve compor todas as informações repassadas pelo cliente. Assim, após uma breve apresentação sua, se estiver sozinho, ou junto a outros consultores, é hora de ouvir muito, perguntar de vez enquanto e falar sobre soluções bem pouco ou quase nada. Não se iluda, muitas empresas levam a essas reuniões seus principais "especialistas" sobre o problema a ser trabalhado no afã de pescar a solução nas palavras do consultor para poder implantá-las e assim economizar alguns milhares de reais.

Ficha de pré diagnóstico.

Após ouvir muito, perguntar pouco e falar menos ainda, é hora de trabalhar nas principais soluções a serem implantadas e essas soluções devem ser encontradas através de algumas pesquisas de validação, isso mesmo, o cerne do trabalho do consultor empresarial é pesquisar soluções factíveis para que, ao serem inseridas como remédio em seu cliente, tragam o resultado desejado para ambos. Muitos desses remédios costumam ser amargos e para isso a pesquisa trará dados de sucesso que o cliente pode até não gostar da forma que será aplicada, mas ficará muito inclinado a fazê-lo pelo resultado que irá alcançar.

A ficha de diagnóstico não deve ser apresentada ao cliente, ela é exclusivamente para seu estudo ou para debates entre os consultores que participarão do projeto e deve ser classificada como confidencial.

Relatório de visita

Ao final de seu dia de prospecção de clientes, arrume sempre um tempo para fazer um pequeno relatório de todas as visitas. Lembre-se que o mais importante é que todas as informações e percepções ainda estão frescas na mente, e isso lhe dará conteúdo suficiente para realizar correções, e até mesmo validar abordagens bem-sucedidas. Aqui não existe a palavra procrastinar, pois os relatórios irão se acumulando e quando você for obersarvar o caos, nem você mais credita que sua rotina está sendo seguida. E, vamos falar sério? Como você irá cobrar ao seu cliente que ele não está seguindo o cronograma do projeto se nem mesmo você consegue cumprir o seu dentro de sua propria empresa ou até mesmo como consultor autônomo, dentro de seu próprio home office ou coworking?

Atestado de Capacidade Técnica

Esse documento é um de seus bens mais preciosos, pois, após a realização de um trabalho bem feito, ao final do projeto, o cliente deverá atestá-lo através de documento devidamente assinado, e nele deve constar que o objeto contratado pelo cliente foi entregue dentro dos parâmetros do contrato.

Vale lembrar que, se deve tomar muito cuidado na hora de apresentar documentos como esse. Procure avaliar se o atestado que irá apresentar possui alguma coisa haver com o escopo do projeto que está tentando ganhar.

Já houve alguns clientes que me pediram para alterar essa afirmação passando de "entregue dentro dos parâmetros contratados" para "entregue acima dos parâmetros contratados" o que me trouxe duas certezas – uma que fiz um excelente trabalho e o cliente ficou muitíssimo satisfeito e outra, que em algum momento eu perdi a oportunidade de aumentar meus ganhos.

Quanto mais atestados de capacitação técnica você possuir maiores serão as suas possibilidades de assinar novos contratos, novas indicações irão aparecer até que sua agenda estará tão cheia que não preisará mais ir atrás de clientes.

Conceito

O Atestado de Capacidade Técnica consiste na apresentação de documento que comprove e ateste o fornecimento de materiais ou os serviços prestados pela empresa interessada, emitido por pessoa jurídica, em papel timbrado, assinado por seu representante legal, discriminando o teor da contratação e os dados da empresa contratada.

Fonte: https://www.dga.unicamp.br/forn/cap_tec.html

Propostas comerciais

Em uma proposta comercial bem construída deve constar todos os passos que serão utilizados no projeto, e todas as soluções a serem alcançadas, inclusive incluindo as entregas dos pacotes...... ops, esse é o maior erro que um consultor pode cometer em sua proposta comercial.

Então chegamos ao seguinte questionamento:

Como confeccionar uma excelente proposta comercial?

A resposta é muito simples, como prometido no subtítulo de nossa capa, e com o tempo ficamos mais ajustados aos detalhes que podem ser repassados aos clientes, e os que devem ficar para depois da assinatura do contrato.

Observe sempre essa dica, pois ela fará toda a diferença na decisão de seu cliente em assinar ou não o contrato. Qualquer sinal que você possa passar de que ele pode fazer sozinho, ele não terá dúvida em não assinar o contrato e você ficará procurando, sem achar pistas, onde errou na proposta, pois ela não possuirá nenhum erro, e sim a solução quase que completa do trabalho.

Coloque no conteúdo da proposta comercial apenas os problemas que deverão ser resolvidos, afinal de contas eles são claros como a luz do sol, pois foram debatidos com o cliente, e por fim os resultados esperados.

Exemplo:

Do objeto

Diminuir o alto índice de turnover de 30% (trinta porcento) objetivando atingir um percentual de 5% nos próximos seis meses trazendo desta forma diminuição nos gastos com demissões e contratações aumentando consequentemente os lucros.

Ficou bem claro, e não foi comentado em momento algum que iremos realizar uma auditoria em todos os campos de trabalho da empresa levando em conta fatores como ambiente, jornada de trabalho, estilo de liderança dos gerentes, métodos de contratação, pesquisa salarial, dentre outras coisinhas a serem trabalhadas em nosso novo cliente.

Acho que fica bem claro que, se colocarmos esses itens na proposta, nosso cliente se sentirá tentado a resolver o problema em voo solo.

Consultoria Empresarial
Resolução de problemas complexos de forma simples

Itens que não devem faltar na proposta comercial:

- Objeto.
- Objetivo.
- Prazo.
- Benefícios.
- Acordos de desempenho entre as equipes.
- Disponibilização de espaços para realização dos trabalhos (sala, mesa, cadeiras, ponto de internet e telefone.
- Disponibilização de transporte caso alguns dos trabalhos sejam desenvolvidos fora da matriz.
- Investimento do projeto. e
- Formas de pagamento.

Sobre esse último item, costumo diluir os valores do projeto pelo período que será desenvolvido, desta forma não fica pesado para o cliente e você conseguirá se programar mensalmente na utilização desses recursos dentro do projeto.

Outra forma que assegura o desempenho do consultor é receber metade dos valores do projeto no início e o restante ao final, mas aqui cabe um alerta, essa forma de pagamento costuma dar alguns problemas na hora de receber a segunda parcela, pois, alguns clientes acham que, apesar dos objetivos terem sido atingidos, o seu trabalho foi tão fácil que o que foi pago já justifica os seus serviços.

Contratos de consultoria muito bem definidos

Os termos de um bom contrato já estão dispostos, em grande parte, na proposta comercial, porém alguns itens devem ser adicionados, e nesse caso vamos a eles:

• Caso haja necessidade de deslocamento para outras regiões fora da localidade da matriz, todas as despesas devem ser arcadas pelo contratante.

• Multas por atraso.

• Caso a parte contratante deseje rescindir o contrato, deverá fazê-lo dentro das justificativas previstas no contrato, e com antecedência de trinta dias, esse prazo dará ao consultor a possibilidade de planejar sua saída sem que ocorra a falha de deixar alguma ponta solta que venha a se tornar uma ação judicial no futuro, e melhor, ainda dispondo dos recursos a serem pagos nesses últimos trinta dias.

• Não gosto de trabalhar com multas rescisórias, isso já faz do contrato um instrumento de sofrimento. Mesmo que tanhamos que rescindi-lo, dependendo do motivo o cliente pode deixar a porta aberta para indicações ou até mesmo para o seu retorno, caso o fator da rescisão tenha sido a falta de recursos momentâneos por parte do cliente.

• Reajustes caso o contrato ultrapasse 12 (doze) meses. Isso é muitíssimo importante, pois o desejo de fechar o contrato muitas das vezes entorpece o consultor, e essa cláusula passa despercebida. Eu gosto muito de trabalhar com o IPCA que mede a variação de preços de mercado para o consumidor final. Estabelecido pelo Instituto Brasileiro de Geografia e Estatística (IBGE) mensalmente, ele representa o índice oficial da inflação no Brasil. É um bom termômetro para avaliar perdas no poder de compra.

• O termo de confidencialidade é muito importante pois trará a você e a sua equipe credibilidade, e ao cliente a segurança de que você não compartilhará seus segredos com os concorrentes.

A reunião de assinatura do contrato

É muito importante que o consultor leve cópias do contrato suficientes para que todos os membros da reunião possam analisar. Leia todos os itens e caso haja alterações realize na hora. Ao final, o contrato deve ser assinado nessa reunião da apresentação da proposta comercial, que, nunca deve ser enviada por e-mail, carta, sedex, cavalo ou qualquer outro meio de comunicação que não seja uma reunião estabelecida para esse fim.

Após anos de experiência, acredito que esse seja o passo mais importante no que tange a fechamento de negócios, e caso ouça da outra parte que terá que se reunir com os acionistas, com a tia que vende pastel na esquina ou com qualquer outra pessoa que deveria estar nesta sala para assinar esse contrato você cometeu o pecado capital de estar falando com a pessoa que não decide, e que você deveria ter tratado do projeto com ela desde o início.

Todos os dados do cliente que precisam estar no contrato foram colhidos na ficha de análise de empresas ou nos formulários de entrevistas de clientes, caso esses dados não constem de suas ferramentas, ainda bem que você chegou até aqui.

Agenda poderosa

Sua agenda é tão importante quanto todo o restante, e não estou falando da agenda de papel, essa não é mais tão eficiente quanto uma agenda eletrônica. Será através dela que você não irá se perder e realizar marcação de duas reuniões em um mesmo dia e horário. E não adianta apenas colocar o compromisso nela, data e hora. Você deve ser um verdadeiro "mestre das agendas" e se você não for e possuir o luxo de ter uma secretária, é bom verificar se ela utiliza todo o poder que essa ferramenta ofecere.

Já acesso minha agenda pelo smartphone a anos, e o cadastro do compromisso já possui informações importantes sobre o que será tratado. Envio convites aos participantes, que devem realizar o aceite para que eu possa documentar que, caso falte, se comprometeu a comparecer. A ata de reunião é o primeiro anexo a inserir, cópias de contratos, planos de ação e até mesmo modelo do contrato a ser discutido. De posse dessas informações já vi muita gente ficar constrangida por chegar a uma reunião sem nem mesmo ter se preparado para ela. E quando buscou desculpas de falta de informações do tema, o convite foi aberto e mostrado tudo o que seria tratado.

Existem vídeos na internet que são verdadeiros cursos gratuitos de como utilizar essas agendas.

Drive na nuvem

Além da agenda, é importante ter todos os seus documentos ao alcance de alguns simples toques/cliques. Os drives que armazenam informações na nuvem disponibilizam esses documentos para pesquisas de suporte, edição e compartilhamento em segundos. Meus clientes não ficam mais vulneráveis no que tange a perda de documentos. Quando me ligam ou fazem contato por qualquer outro meio de comunicação solicitando cópias de qualquer documento, acesso   clientes/cliente"x"/pasta"x"/documento"x"...compartilhar... e-mail/watzapp, etc.

Muitos costumam até agradecer a possibilidade de manter seus empregos. É impressionante como esses arquivos desaparecem dos computadores de nossos clientes com mais facilidade do que pensamos que irão acontecer. Sempre mantenha os arquivos de seus clientes atualizados na nuvem, a não ser que sejam documentos altamente sigilosos, esses demoraremos mais algum tempo para conseguir, mas nesse caso eu sempre mantenho um drive externo ou um local no servidor espelho da organização.

Smartphones

Não dá mais para ser amador com o fator tecnologia. Ou você surpreende seu cliente ou será surpreendido por outro consultor que utiliza essas novas tecnologias disruptivas.

Portanto, apesar de comentar aqui nesse livro que o smatphone pode ser uma verdadeira prisão, ele pode também ser libertador quando, através de suas funcionalidades, realiza trabalhos que só seriam capazes através de equipamentos que hoje em dia são considerados monstruosos. A escolha de seu smartphone não pode mais ser feito pelo fator preço e sim pelos *facilities* que irão trazer agilidade e desempenho para o consultor.

Adquiri um aparelho que, além de realizar ligações, o que seria o óbvio, oferece a possibilidade de dispensar o notebook. Realizo com ele, além do compartilhamento de arquivos, pagamento de contas, transferências de valores, documentação de evidências em altíssima definição, acesso a agenda e suas notificações em tempo real, o seu principal diferencial está em poder até mesmo realizar apresentações diretamente em projetores ou televisores, apenas executando a função de compartilhamento de tela com esses equipamentos.

Acredite, alguns clientes já vêem esta mostra de desempenho como um diferencial e estilo. Quando assistem outras apresentações de concorrentes, a imagem de você operando sua apresentação através de um equipamento minúsculo não consegue sair da cabeça de nunhum deles.

Em reuniões conjuntas para apresentação de propostas, alguns consultores vieram dar os parabéns e disseram que a partir daquele dia nunca mais iriam utilizar as formas de apresentação que levaram.

Algumas apresentações não abriram, falta de cabos HDMI, houve a necessidade de esticar fios, tomadas não eram compatíveis com interruptores, dentre outras dificuldades.

Separe um valor considerável para investir nesse aparelho, que não precisa ser da primeira geração, pois são realmente caríssimos, mas que fiquemos na segunda geração para que você também não seja tachado de estar fora da "onda".

Uma caixa acústica pequenina e de boa qualidade, caso utilize arquivos de áudio e mídia em suas apresentações podem salvar seu desempenho, caso haja alguma incompatibilidade com o equipamento da sala de reunião. Levo inclusive um miniprojetor como precaução, pois trabalho sempre com a gestão de riscos, nesse caso, de perder o cliente.

Expresando pensamentos a partir do zero

Caso precise se experessar em um flipchart, ou quadro branco, uma indicação de leitura para fazer a diferença é Comunicação Visual, de Martin J. Eppler, Editora Elsevier. Como utilizar o design Thinking para resolver problemas e se comunicar melhor em qualquer situação.

Esse livro ajudará você a organizar pensamento muito bem estruturados, e vai descobrir que não precisa ser um excelente desenhista para desenvolver pensamentos de forma inteligente.

Fui a uma reunião uma vez, e de repente a luz se foi, olhei para o lado e observei que havia um flipchart e canetas piloto. Perguntei seu poderia continuar a apresentação naquelas folhas que para muitos causam espanto. O diretor da organização olhou com desconfiança, porém acenou com as mãos de forma positiva.

Como as minhas ideias estavam bem ajustadas na mente, os desenhos começaram a fluir, e no final, percebi que sai bem melhor do que eu imaginei. Ganhei o contrato e mais ainda, a confiança no desenvolvimento de desenhos bem longe dos arquivos de apresentação tecnológicos. Hoje, utilizo como ferramenta de apoio sempre que disponível, e começo a viajar nos desenhos, trazendo diversas oportunidades que, no famoso powerpoint poderiam ficar engessadas e perdidas para sempre.

Utilize todas as ferramentas disponíveis quando de suas

apresentações.

CRM

Conceito

Gerenciamento de Relacionamento com o Cliente. Como você viu, a sigla CRM significa Customer Relationship Management ou Gerenciamento de Relacionamento com o Cliente, em português. Em sua essência ou em conceito, CRM é uma estratégia de negócio com o foco no cliente.

Fonte: Google

Poderoso, e uma verdadeira arma nos dias de hoje, se não for utilizado de forma profissional, poderá ser uma grande fonte de perda de tempo para você e seus associados.

O cadastro dos clientes, agendamentos, reuniões, valores de prospecção, status dessas prospecções, dentre outras informações gerenciais devem estar sempre muito bem atualizadas, pois, esse cuidado dará uma visão de como está seu desempenho, seus ganhos e perdas. Quando você compara seu desempenho e vê que seus fechamentos estão muito menores do que suas perdas, é hora de parar tudo e redesenhar sua estratégia de negócios.

Alguns exemplos de CRM são:

- Agendor.
- Pipedrive.
- Bitrix24.
- Monday.
- Salesforce.

Eu utilizo o agendor, por ser prático e trazer maior custo benefício para o acompanhamento do desempenho da minha empresa.

Gerenciando tarefas

Um consultor de respeito utiliza um gerenciador de tarefas e equipes de forma profissional. Esta ferramenta dará a você um acompanhamento praticamente em tempo real do andamento dos trabalhos, podendo inserir todos os detalhes, inclusive alterações que serão conhecidas por todos os envolvidos.

Eu utilizo o TRELLO, pois é fácil de manusear, possui um valor muito em conta em relação aos outros produtos, e opero pelo smartphone de forma muito intuitiva. A comunicação com a equipe é muito fácil, todas as informações e anexos são inseridas e você pode apresentar o status da fase do projeto através de cores alertas.

O TRELLO possui a versão gratuita para teste, que já é bem interessante.

Para profissionais mais experientes, e que trabalham com projetos mais complexos, sugiro o Asana, que abandonei quando mudei o meu conceito de negócio, que se baseia no conceito de simplicidade.

Capítulo 18 – Alguns segmentos da consultoria Empresarial

Trataremos aqui nesse capítulo de segmentos nos quais o consultor poderá atuar, com certeza você se identificará com um ou alguns segmentos. Procure sempre comparar suas forças com as oportunidades que o mercado oferece, caso sejam poucas, só existe um remédio – Estude novos campos para que você possa atuar em nível de excelência.

Lembrando sempre que:

Consultoria empresarial é um negócio que oferece <u>soluções</u>.

Gestão empresarial

Essa área dedica-se à estratégia de gestão da empresa.

Portanto, a atividade está diretamente ligada à atuação do empreendedor, que é quem comanda o negócio.

A opção se mostra interessante para empresas que precisam identificar oportunidades de crescimento ou mesmo solucionar erros no direcionamento dos negócios.

O consultor mais experiente consegue buscar até mesmo na entrevista com o empreendedor algumas possibilidades de negócio que não estava no escopo da proposta inicial, essas percepções poderão servir de propostas futuras, e não devem ser anunciadas na reunião que trata do escopo da proposta comercial, isso poderia confundir o cliente, e perder o foco da proposta de projeto apresentado.

Nunca se esqueça de que um consultor de qualidade entrega soluções que serão executadas pelos colaboradores da organização, o consultor entra, assessora na implantação, entrega os pacotes e encerra o contrato, nunca se perpetua no cliente realizando o mesmo serviço. Lembre-se sempre do conflito:

Consultoria Empresarial
Resolução de problemas complexos de forma simples

Consultor x CLT.

Recursos humanos

Uma consultoria voltada para área de recursos humanos auxilia a liderança a identificar demandas e dificuldades da equipe, assim como as melhorias necessárias na gestão de pessoas.

Pode ser benéfica, por exemplo, quando a empresa apresenta altas taxas de rotatividade (turnover), mas não sabe qual problema tem dado origem à insatisfação dos colaboradores. Como falaremos aqui no nosso livro, existe um roteiro interessante para realizar o começo desse trabalho, sempre amparado no departamento de gestão de pessoas.

Uma oportunidade única é, caso não haja um departamento de gestão de pessoas, apresentar como solução de negócio a implantação do departamento de gestão de pessoas. Sim, pode acreditar que no Brasil dos dias de hoje ainda existem empresas que não possuem um departamento dessa importância. E não o confundam com o Departamento Pessoal, são coisas diferentes como água e azeite, que se completam muito bem somente em uma deliciosa salada.

Marketing digital

Como já relatei aqui em nosso livro, caso você ainda queira investir em Marketing Digital, não perca recursos em tempo tentando montar um programa de Marketing. Contrate um profissional ou agência.

Caso você seja dessa área, o ideal seria oferecer como solução um bom plano de atuação online e impulsionamento de mídia.

Caso não seja da área procure esses profissionais, pois, lhe darão uma aula completa sobre como prospectar leads, engajar clientes e construir uma reputação da marca. Além de fazerem imediatamente parte de seu centro de negócios.

A consultoria de marketing auxilia a construir um planejamento estratégico para que a empresa ganhe visibilidade no mercado e fique ainda mais próxima dos clientes.

Outro nicho de mercado é trabalhar com endomarketing. Nos

dias de hoje, empresas possuem planejamentos a serem implantados, porém não possuem um plano de endomarketing com o objetivo de fornecer um ambiente satisfatório para que seus colaboradores se simtam motivados a tocar o projeto.

Vendas

Quando um empresário procura uma consultoria especializada em vendas, procura porque suas vendas estão baixas, ou precisa aumentar seu volume, já que o intuito do empreendedor é sempre crescer mais.

Nos dois casos é possível contratar um consultor em vendas, mas existe uma grande diferença entre um consultor de vendas e um vendedor de sucesso. Caso você seja o segundo, procure um curso de formação de consultores, esse curso lhe dará as ferramentas certas para realmente trabalhar em um mercado de consultoria. A primeira competência você já possui, sabe se vender, as outras virão através de muito estudo.

O profissional, por ter experiência, poderá auxiliar o gestor a criar estratégias e ferramentas, consolidar e avaliar indicadores e, através desses, potencializar a atração de leads de venda.

O consultor em vendas é responsável por criar estratégias que obedecerão às necessidades da organização que o contratou. Então, antes de falar em proposta comercial, ou assinatura de contrato, faça uma reunião com o comprador acompanhado do chefe do departamento financeiro, para que possam definir metas de vendas muito bem ajustadas.

Entendeu por que o segundo é tão importante?

Uma coisa que muito me incomoda nos dias de hoje é a moda das empresas de terceirizar o setor de vendas para outras empresas "especializadas". Faço a comparação com o indivíduo que entrega seu carro para um amigo para que ele leve um parente ao hospital e o cara liga dizendo que bateu o carro na praia.

Se o seu cliente está nesta situação, estude todos os indicadores de desempenho da contratada, se estiver batendo todas as metas de vendas, e isso pode ocorrer, tente assessorá-lo que é hora de fazer uma repactuação do contrato, como o objetivo de aumentar as metas. Caso contrário, e o que é mais comum, é a empresa contratada não bater a meta e estar pressionando o pessoal contratado por ela, que na maioria das vezes também são CNPJ para que batam as metas faltando três meses para terminar o contrato. O resultado disso são contratados insatisfeitos, clientes pressionados a comprar aquilo que não querem e seu cliente muitas noites sem dormir, pois, observa que a tendência dos gráficos não é das melhores.

Vemos muito isso em empresas terceirizadas por bancos para conseguirem contratos de empréstimos consignados, consórcios, títulos de capitalização e seguros. Pessoas despreparadas ligam de forma insistente para todo o tipo de prospects a fim de vender dinheiro fácil, a taxas que beiram a loucura, títulos de capitalização que prometem fazer rico todo mês, através de sorteios que são tão difíceis como ganhar na loteria. No final, depois de muita insistência conseguem cooptar alguns desesperados que ao obterem esses produtos para consumo imediato ficam anos com esses pendurados em seus contra-cheques ou em suas conta correntes com débitos automáticos.

Finanças

O Consultor de finanças irá assessorar o empreendedor a construir ou fazer a leitura correta do controle de fluxo de caixa, levantar qual o capital de giro necessário para atravessar o ano de uma forma mais segura, buscar investimentos e reduzir gastos. Tudo isso requer um planejamento estratégico para que a empresa tenha saúde financeira.

No entanto, lidar com finanças geralmente é uma dor de cabeça para empreendedores, seja por falta de capacitação, por falta de tempo, ou falta de cultura mesmo.

Nesse caso uma consultoria é a alternativa adequada para resolver problemas com finanças, readequar gastos e investir com mais segurança.

Mas uma observação muito importante deve ser levada em consideração. O consultor não pode agir como um chefe de departamento, assistente ou analista financeiro, se for essa a necessidade do cliente, sugira a contratação de profissionais permanentes.

A área financeira possui nuances que o consultor não poderá acompanhar depois de seu desligamento, e caso ocorram, pode parecer que a consultoria não foi bem realizada. O campo de finanças é um dos mais complexos dentro de uma organização, exige uma equipe de ponta, pois é o local onde serão feitas todas as ações de repasses de recursos aos outros setores da organização, controle de contas e onde serão apontados os possíveis cortes caso seja exigido equilíbrio das contas. Esses profissionais são disputados a tapas no mercado de trabalho e seus salários são os mais altos. Se existe uma boa equipe de finanças o trabalho do consultor torna-se muito mais fácil, porém, se não existir essa equipe, chame o Departamento de Gestão de Pessoas para uma reunião urgente como diretor da empresa.

É como se você estivesse pilotando uma aeronave sem radar, com os vidros sujos e tendo a impressão que a qualquer momento pode bater em uma montanha. O pior é quando o empresário não possui nem mesmo essa impressão, e quando isso acontece é catástrofe anunciada na certa.

Tecnologia da informação ecomunicação

Esse campo de atuação deve ser muito bem observado pelo consultor, caso ele não seja da área e esteja adentrando uma organização desse segmento como objetivo de organização da gestão empresarial, de pessoas, finanças dentre outros. É um dos setores onde, no Brasil, possuímos pessoas mais bem capacitadas, lógico, não desprezando outras, e a que mais entende a zona de batalha chamada de **projetos**. Então se o seu escopo é realizar uma consultoria de gestão em uma empresa dessas, prepare-se muito, mas muito com os vocabulários e metodologias desse setor.

É muito importante também que você comece a entender o que

são as tecnologias disruptivas, pois, muitas das vezes elas estão aos nossos olhos e dos clientes e quando são lançadas nos perguntamos....

Por que não executei esta ideia?

Conceito

Tecnologia disruptiva ou inovação **disruptiva** é um termo que descreve a inovação tecnológica, produto, ou serviço, com características "**disruptivas**", que provocam uma ruptura com os padrões, modelos ou **tecnologias** já estabelecidos no mercado.

Fonte: Google

As tecnologias disruptivas foram as criadoras do aparecimento do UBER, Peixe Urbano, Uber Eats, Impressão 3D, Netflix, Airbnb e muitas milhares de outras transformações que vieram para facilitar a vida de todos nós e fizeram desaparecer muitas empresas que não viram a transformação.

Um grande problema de consultores dessa área é o alto investimento constante que devem fazer para não ficarem obsoletos muito rapidamente. A questão não é apenas o estudar, os cursos desse segmento são caríssimos e bem complexos, necessitando de constante execução. Então, se você é da área e gostaria de se tornar um consultor na área de tecnologia da informação e comunicação sugiro que se prepare para batalhas constantes.

Governança, compliance e gestão de riscos

Nunca foi tão importante para um consultor empresarial tornar-se conhecedor dessas áreas. Não é à toa que constam do Sistema de Gestão de Qualidade ISO 9001. São forças, inclusive, que podemos utilizar como argumentação, capazes de romper diversas resistências do cliente.

Quanto a fatos não há argumentos.

Melhorando o conceito...

Contra evidências não há argumentos.

Caro consultor, como vimos segmentos para atuação não faltam, mas você terá que realizar uma pesquisa completa sobre essas e outras áreas para que, quando você comece a atuar tenha bagagem suficiente para alcançar resultados que realmente façam a diferença.

Monte um formulário de oportunidades bem estrutrado, nele constando alguns norteadores importantes, como por exemplo, quais são as megatendências de mercado, valores médios cobrados pela solução, prazos médios de entregas, número de pessoas necessárias para execução dos trabalhos e quais potenciais clientes comprariam essa solução.

Não costumo colocar modelos prontos em meus livros pois se o fizesse tiraria, de você consultor, a oportunidade de começar a se diferenciar de seus concorrentes que sempre ofertam soluções pré-concebidas. Essas soluçõs, na maioria das vezes, costumam ser rejeitadas por nossos clientes. Construa as suas ferramentas de trabalho, e também construa as ferramentas de seus clientes através de um conceito já validado, principalmente no mercado da Tecnologia da Informação, onde falarei um pouco em nosso próximo capítulo.

Produto mínimo viável (mvp, de minimum viable product)

Capítulo 19 – Produto mínimo viável.

Conceito

Em empreendedorismo, principalmente no contexto de startups, um produto mínimo viável (MVP, de Minimum Viable Product) é a versão mais simples de um produto que pode ser lançado com uma quantidade mínima de esforço e desenvolvimento.

Não adianta gastar energia em intelecto e meses de esforço tentando montar ferramentas que você acha que seu cliente vai comprar. Uma coisa que aprendi durante toda essa minha caminhada é que:

Quem vai dizer o que quer, e sempre em pequenas doses é o Usuário.

Características

Um MVP possui 3 características principais:

- Tem valor suficiente para que as pessoas comecem a utilizá-lo.
- Demonstra benefícios suficientes para reter usuários iniciais.
- Fornece um ciclo de feedback para orientar o desenvolvimento futuro.

Esta técnica de desenvolvimento assume que os usuários iniciais podem visualizar o produto final a partir do MVP, e que o produto deixa abertura a receber comentários e sugestões a ajudar no desenvolvimento de versões futuras.

Indico aqui mais um livro, que facilitou muito a minha vida, pois entendi definitivamente que resultados aparecem através de pequenas doses de remédios, sejam eles doces ou amargos e de pequenas pílulas que contenham as características do MVP.

Este conceito foi popularizado por Eric Ries, consultor e escritor sobre startups, no livro The Lean Startup traduzido no Brasil como a Startup Enxuta por Carlos Szlak. Um livro desses não pode faltar na biblioteca de um consultor empresarial. Apesar de ser um livro extremamente técnico a sistemática encaixa perfeitamente nas necessidades de um consultor empresarial, principalmente em início de carreira.

Hoje o MVP é utilizado por consultores em todo o mundo para ajudar no processo de validação de ideias de negócios e produtos. Cabe ressaltar que o processo de implantação deve ser acompanhado com os devidos cuidados de adaptação dos conceitos predecessores apresentados no Lean Startup, bem como a realidade cultural e econômica, são fundamentais para o sucesso.

Por isso que nosso programa de consultoria empresarial é composto de pequenos pacotes de entregas, sempre validados por metodologias, uma delas o PDCA. Isso nos dá toda a legitimidade que um consultor precisa, que é o resultado validado pelo cliente, em uma caminhada bem estruturada focando no resultado final que é a entrega do objeto do contrato.

Capítulo 20 – Sobre Governança, Compliance e Gestão de Riscos

Não há dúvidas entre os empresários, advogados, auditores e nós consultores empresarias que prezam por sua reputação que os conceitos desse capítulo vieram para ficar definitivamente em nosso País. Dedico um capítulo completo a esses temas, pois, como já falei acima, são as principais ferramentas de argumentação contra empresários que resistem a um processo profissional e continuam a executar "jeitinhos" como solução de problemas para suas empresas.

Então vamos lá entender um pouco o que significam essas palavras e porque estão dentre as mais importantes nos meios de comunicação dos dias de hoje, além de serem o carro chefe dos diversos auditores de sistemas ISO.

Conceitos

Governança

Deriva do termo governo, e pode ter várias interpretações, dependendo do enfoque. Segundo o Banco Mundial, "governança é a maneira pela qual o poder é exercido na administração dos recursos sociais e econômicos de um país visando o desenvolvimento, e a capacidade dos governos de planejar, formular e programar políticas e cumprir funções

Governança Corporativa

Relativa às empresas é o conjunto de processos, regulamentos, decisões, costumes, idéias, também chamados de boas práticas, que mostram a maneira pela qual aquela empresa ou sociedade é dirigida ou administrada.

Governança de TI

É um conjunto de práticas e padrões assumidos por executivos, gestores, técnicos e usuários de TI de uma organização, com o objetivo de garantir controles efetivos, ampliar os processos de segurança e desempenho.

Toda empresa que se preza possui hoje um compêndio com suas

ferramentas de Governança que definirão como será seu futuro.

Caso seu cliente não possua esse conjunto de práticas, pode ser uma excelente oportunidade de mercado para você consultor, desde que você saiba exatamente do que estamos falando.

Um excelente começo é realizar uma completa análise documental, entrevistas com diretores, gerentes, colaboradores do operacional, focando em que eles entendem por boas práticas dentro da organização, e procurar alinhar tudo isso a todo o compendio de leis, decretos, normas e outros documentos afins que regulam o setor. Ferramentas que apresentarão indicadores que esses princípios estão sendo seguidos deverão também estar no escopo do projeto.

E isso é só o começo.

Compliance

O termo compliance tem origem no verbo em inglês to comply, que significa agir de acordo com uma regra, uma instrução interna, um comando ou um pedido, ou seja, estar em "compliance" é estar em conformidade com leis e regulamentos externos e internos.

Se buscar em jornais, revistas, trabalhos acadêmicos, verá que as coisas não estão muito boas para os colaboradores que gostam de ganhar um "dinheirinho" fácil. Sistemas baseados em inteligência artificial buscam hoje em Países Desenvolvidos qualquer indício de uma provável ação ilegal por parte de agentes públicos ou privados, muitas das vezes evitando-se até mesmo que ocorram.

Aqui no Brasil algumas empresas públicas e privadas já começam a implantar seus sistemas de compliance de forma a ter como fornecedor, e até mesmo clientes somente aqueles que possuam ou realizem aderência aos seus sistemas de compliance. Alguns sistemas inclusive possuem até canais de denúncias anônimas que protegem quem denuncia a fim de evitar que seus recursos escorram pelo ralo encontrando ratos no fundo do esgoto da fraude e da corrupção.

Gestão de Risco

Organizações de todos os tipos e tamanhos enfrentam influências e fatores externos e internos que tornam incerto se elas alcançarão seus objetivos. Gerenciar riscos é iterativo e auxilia as organizações no estabelecimento de estratégias, no alcance de objetivos e na tomada de decisões fundamentadas. Gerenciar riscos é parte da governança e liderança, e é fundamental para a maneira como a organização é gerenciada em todos os níveis. Isto contribui para a melhoria dos sistemas de gestão. Gerenciar riscos é parte de todas as atividades associadas com uma organização e inclui interação com as partes interessadas. Gerenciar riscos considera os contextos externo e interno da organização, incluindo o comportamento humano e os fatores culturais. Gerenciar riscos baseia-se nos princípios, estrutura e processos. Estes componentes podem já existir total ou parcialmente na organização; contudo, podem necessitar ser adaptados ou melhorados, de forma que gerenciar riscos seja eficiente, eficaz e consistente.

Segundo a definição do que é gerenciamento de riscos ISO 31000, uma gestão de risco eficaz deve atender aos seguintes princípios:

- Proteger e criar valor para as organizações.
- Ser parte integrante de todos os processos organizacionais.
- Ser considerada no processo de tomada de decisão.
- Abordar explicitamente à incerteza.
- Ser sistemática, estruturada e oportuna.
- Basear-se nas melhores informações disponíveis.
- Estar alinhada com os contextos internos e externos da organização e com o perfil do risco.
- Considerar os fatores humanos e culturais.
- Ser transparente e inclusiva.
- Ser dinâmica, interativa e capaz de reagir às mudanças.
- Permitir a melhoria contínua dos processos da organização

Retirado na íntegra da NBR 3100:2018 – disponível para aquisição em: http://www.abnt.org.br/imprensa/releases/5828-abnt-publica-a-versao-abnt-nbr-iso-31000-gestao-de-riscos

Quando uma organização começa a respirar os "ares de gestão de riscos", seus colaboradores tornam-se efetivamente mais participativos, e campanhas devem ser criadas juntamente com o departamento de markting da empresa.

Programas como redução de absenteísmo, acidentes no trabalho e até mesmo de perdas de produtos por mal funcionamento de máquinas ou mal acondicionamento ajudam no desempenho de forma natural, pois o colaborador começa a entender que faz parte de algo muito maior.

Mas gerenciamento de riscos não é apenas gerenciar fatores que afetam negativamente uma organização, fatores como oportunidades também estão no escopo da ISO 31000:2018. Então que tal implantar algumas ferramenats de gestão de riscos também em seus clientes, e, quem sabe, na sua própria consultoria?

Para maior conhecimento, sugiro que adquiram um acervo completo desses temas tão importantes, busquem também seminários, cursos e outros eventos. Quanto mais familiarizado o consultor estiver maior poder de argumentação terá com seus clientes. A segurança de nosso trabalho estará sempre em podermos "impor" algumas condições baseadas em premissas claras. Desta forma você poderá implantar todas as ferramentas necessárias para um excelente trabalho.

Busque disseminar essas culturas nas empresas por onde passar, se conseguir esta façanha prestará um excelente trabalho para a humanidade, e para o bolso dos contribuintes.

Capítulo 21 – Ferramentas

Um bom marceneiro possui uma plaina sempre muito bem afiada e lubrificada. Um lenhador afia seu machado e sabe utilizá-lo de forma a não danificar o fio. O Consultor mantém sua mente sempre preparada para novos aprendizados, e está em dia com o uso e atualização de suas ferramentas de trabalho.

O consultor, como já comentado, trabalha buscando soluções para problemas de seus clientes. Porém, não busca respostas prontas, valida o problema através de busca de evidências que o tenha causado. Somente após essa validação e que começa o trabalho pesado em busca de acervos, casos documentados, possíveis tentativas de soluções executadas pela própria organização. De posse desse material, o consultor debruça e estuda possíveis ferramentas que possam gerar soluções factíveis a seu cliente.

O mais importante de tudo é, que as propostas dessas soluções sejam acompanhadas e possuam a participação do grupo de trabalho da organização. Eles devem estar a par de todos os passos do estudo, testes e preparação da solução. A implantação será feita por eles, o consultor nesse estágio supervisiona e trabalha como um assessor, verificando os resultados e apresentando dados (evidências) para que a direção juntamente com seus gerentes os valide ou determinem mudanças de rumo.

Houve um caso em que um diretor determinou que se atingisse somente o resultado mínimo, para ele era o suficiente para alcançar os objetivos no tempo que possuíamos. Realmente o tempo era pequeno, porém poderíamos entregar os resultados estabelecidos se nos esforçássemos ao máximo. Mas o que salvou o projeto? A equipe era tão boa que atingiram todos os passos do plano de ação determinado pela auditoria, e esse mínimo que entregaram atingiu o desempenho nota máxima. Bateram todas as metas o que levou a auditoria que sofreram fazer um relatório de encher os olhos.

Esse projeto se transformou em um estudo de caso dentro da organização, para que futuros colaboradores que realizassem algum tipo de tarefa, ou sofressem algum tipo de audioria levassem esse grupo como exemplo.

Onde o consultor empresarial entra nessa história? O caminho trilhado pelos colaboradores desse projeto específico, ou de qualquer outro deve encontrar credibilidade nas palavras e ações do consultor. O sentido de que o objetivo era factível os levaram a encontrar motivação e acreditar que o trabalho poderia ser feito, claro, se o grupo focasse em um objetivo comum a fim de atingir os resultados propostos.

Pessoas possuem suas forças e fraquezas, e devem procurar entendê-las. Possuem também o medo de enfrentar as ameaças, muitas das vezes se escondem e não encontram forças para ir em busca de suas oportunidades.

Fechando esse capítulo podemos dizer que, a fórmula para construir boas ferramentas não está nas respostas prontas, e sim saber identificar o problema, procurar respostas e, também, as possíveis soluções factíveis de implantação. Essa expertise é a maior arma que um consultor pode possuir, aliada sempre a ouvir muito, perguntar o suficiente, e estudar possibilidades aplicá-las através de um processo seguramente estruturado.

Consultor bom e aquele que ouve muito, pergunta o suficiente, estuda possibilidades e as aplica através de um processo seguramente estruturado.

Capítulo 21 – Dados x Informação

Como já comentado aqui por diversas vezes, as evidências encontradas através de ferramentas de verificação e validação dos dados, e seu resultado é chamado de informação.

Conceito

O dado não possui significado relevante e não conduz a nenhuma compreensão. ... A informação é a ordenação e organização dos dados de forma a transmitir significado e compreensão dentro de um determinado contexto. Seria o conjunto ou consolidação dos dados de forma a fundamentar o conhecimento.

Fonte: Google

Algumas ferramentas que o consultor pode utilizar encontram-se nas famosas Normas Brasileiras (NBR) aprovadas pela Associação Brasileira de Normas Técnicas (ABNT).

Elas facilitam os trabalhos do consultor no tocante a validar seus estudos, e também os resultados de suas ferramentas.

Consultoria Empresarial
Resolução de problemas complexos de forma simples

Podemos encontrar por lá milhares delas, e elencarei aqui as mais famosas que seria bom, pelo menos como um começo, estudar sobre e se tornar um usuário constante desse arsenal.

• PDCA	Histograma
• 5W2H	Diagrama de Pareto
• Matriz SWOT	Diagrama de Ishikawa
• 5 PORQUÊS (Causa Raiz)	Carta de Controle
• Fluxograma de processos	Diagrama de dispersão
• Folha de verificação	FEMEA

Lembre-se sempre que essas ferramentas são de assessoramento a validação e ao projeto. Nunca as use como "muleta" para alcance dos resultados. Elas auxiliam, porém não são responsáveis pelas ações que gerarão os resultados desejáveis.

Diversos cursos sobre essas ferramentas estão disponíveis, tanto presenciais ou em módulo EAD no sistema "S". São de curta duração e trazem um ganho sem precedentes aos consultores.

Capítulo 22 – A importância da análise documental

Para que o cliente autorize a entrada em seus arquivos, o consultor deve "quebrar essa resistência" de esconder dados ou informações importantes para o andamento do projeto através de um termo de confidencialidade muito bem redigido e explicado.

O passo da análise documental deve ser feito em regime de portas abertas e nunca poderá ser negligenciado, **devendo ser sempre a porta de entrada da consultoria**. Através dela que teremos dados, muitos dados importantes para confirmar as causas que geraram o problema, e a nossa contratação **ou até mesmo para negar essa afirmação da causa proposta**. Esse procedimento evita que o consultor leve a empresa a implantar um projeto que não trará o resultado desejado.

Quando isso acontece, e não queremos que aconteça com regularidade, mas acontece, duas sensações podem advir da cabeça de nosso cliente e de seus colaboradores:

O consultor não tem a mínima ideia do que está fazendo.

Ou

Se não fosse esse consultor, estaríamos caminhando na direção errada.

Essa percepção dependerá de como você irá anunciar essa informação. O correto é solicitar a direção para parar o andamento dos trabalhos e, através de uma reunião com os envolvidos, anunciar a anomalia e a sugestão de suas correções de forma clara, e objetiva.

Lembre-se que a análise de pré-diagnóstico é baseada em dados/informações repassadas pela direção, muitas das vezes mal assessorada por seus colaboradores. Se não fosse assim, você não seria contratado.

O confrontamento entre a causa proposta, sua negação, e a sugestão de mudança de rumo, trazendo diminuição do tempo de trabalho ou adição no tempo do projeto devem ser o carro chefe da apresentação.

Porém não façamos disso uma "caça às bruxas", e, por isso mesmo, quando detectarmos a anomalia devemos informar de imediato a sugestão de mudança de rumo baseada sempre nas evidências, tanto de erro como de sugestão da nova implantação. Nada de anunciar culpados ou vitoriosos, isso evita gasto de tempo desnecessário, alteração de clima dentro da organização e ganho de credibilidade para o consultor.

E lembre-se que, caso haja aumento no tempo do projeto, você poderá solicitar repactuação em seu contrato. Não se sinta tolhido ou ameaçado a não o fazer por medo de perder o contrato.

O pior seria se você passasse todo o projeto se lamentando de que não foi contratado para fazer um projeto muito acima do que foi acordado.

Novo projeto, novas demandas, e sim, você vai ter que voltar a mesa de desenho para reavaliar os envolvidos, fluxo de trabalhos, validar as ferramentas necessárias e descartar as desnecessárias. Mais importante ainda, se haverá a necessidade de dispensar alguns colaboradores não mais necessários e da utilização de outros que farão toda a diferença no projeto.

Nunca utilize recursos da organização que realmente não serão necessários ao projeto, gerentes passam o tempo todo perguntando aos seus liderados o que esses estão constribuindo no projeto, e algumas respostas não são benéficas a imagem do consultor, como por exemplo: "Estou sendo subempregado por lá, realizo tarefas muito aquém de meu potencial."

No final, ele ganha crédito com o chefe, e o consultor passa a ser obeservado de forma que não faz bem a sua reputação.

Como você, consultor empresarial, trabalha em seu projeto utilizando os recursos da empresa de forma cirúrgica vale lembrar sempre...

Seja bastante criterioso no uso desses recursos humanos.

Capítulo 23 – Prospectando clientes

Vestido para batalha comercial com todas as suas ferramentas ajustadas? Então podemos dizer que agora é a hora de oferecer seus serviços ao mercado.

Se você é um novato em nosso segmento, não desanime, você pode procurar conhecidos ou começar a apresentar sua cesta de serviços por um meio de comunicação muitíssimo interessante.

A rua lhe espera de braços abertos.

Visite prédios empresariais e olhe para aquela placa com a indicação de salas até que uma delas brilhe, que você se identifique com aquele serviço oferecido e que você ache uma oportunidade de "solução" que possa realmente fazer a diferença.

Depois que você fizer a seguinte conta – Visitei 100, consegui 1, o sucesso está parcialmente garantido, pois, você não será mais um novato. Além do mais, os dados comprovam que o profissional que realizou a primeira reunião de proposta de serviços de consultoria não é o mesmo da centéssima visita. E você ainda corre o risco de ser lembrado pelo prospect 57, que à época não viu em sua empresa a solução para o problema proposto, porém agora o alarme vermelho tocou e ele, depois de procurar seu contato por dois dias seguidos agora está ávido pelos seus serviços.

Um hábito importante que deve sempre ser trabalhado é que - **NÃO EXISTE VISITA PERDIDA**, e, a cada retorno devemos confeccionar um relatório de crítica sobre nossas observações de todo o ocorrido. Nossas falhas, nossos acertos, e novas oportunidades que não constavam do primeiro contato e que poderão ser apresentadas caso ainda haja abertuta para tal.

Dentro de minhas medições de prospecção de clientes, chegamos à conclusão que, em sua maioria esmagadora, esses clientes potenciais vieram de referências.

Ferramentas de mídias sociais servem mais para acariciar seu ego, ou para fazer com que outras pessoas causem ou tentem causar inveja a outras pessoas transitando em fotos de lugares badalados ou postando fotos com turmas fechadas apresentando seus diplomas de término de curso. Já fiz isso, não nego, porém o retorno que isso traz é comparado a ganhar na megasena sozinho.

O mais importante é que seu nome como consultor ou de sua empresa esteja pelo menos entre os 5 primeiros nas ferramentas de busca. Nossas contas são claras, e nos são apresentadas pelos nossos próprios clientes, quando do preenchimento do formulário de entrevistas de clientes, inserimos a pergunta, "como soube de nossos serviços?" Quando não respondem que foi por meio de referências, a segunda resposta é – "foi um dos primeiros nomes que apareceu na minha ferramenta de pesquisa."

Então, com já foi falado acima, saia das redes sociais, arregase as mangas de sua camisa e vá à luta, trabalhe seu site nas ferramentas de busca e só. O restante vem do seu esforço nas visitas de apresentação de seus serviços, e das referências de seus clientes.

Compartilhe conhecimento.

Quando você compartilha conhecimento você também melhora seu desempenho, e algumas perguntas realizadas nesse ambiente podem ser muito valiosas pois lembre-se que quase todas as respostas estão em quem trabalha, e dificilmente aparecem de quem as planeja.

Monte uma apresentação consistente e divulgue em espaços como SYMPLA ou EVENTBRITE, fale sobre sua expertise, o resultado é simples. Se você acredita no que apresentou, o público se interessou e ao final realizou perguntas isso significa que você está no caminho certo.

Um bom método para ganhar evidência e credibilidade é montar suas palestras e apresentá-las em um auditório a um público específico.

Pode até parecer custar caro, e custa mesmo alugar um espaço como esse. Mas alguns shoppings possuem espaços culturais, e você pode realizar parcerias, utilizando o espaço e solicitar como forma de pagamento a arrecadação de alimentos não perecíveis com o objetivo de doar juntamente com algum representante do shopping a uma instituição de caridade de sua cidade.

Essa informação deve ser divulgada em sua página, instagram, dentre outros meios de comunicação que você utiliza com frequência. Convide amigos, amigos dos amigos, alunos de faculdades próximas dentre outros públicos que estejam alinhados com o assunto que será abordado.

Ao final solicite que preencham uma pesquisa de satisfação para que você tenha parâmetros sobre seu desempenho.

Monte um portfólio que contenha também esses dados, e sempre comente em suas visitas que você também possui essa expertise. Falar ao público leva o consultor a perder o medo, a ir fechando lacunas, e ter segurança que está no caminho certo.

Capítulo 24 – O primeiro cliente

Bem, se você não for novato, acho que pode pular essa parte,

mas se mesmo assim ficou curioso, então nos acompanhe para

alguns detalhes muito importantes.

Após termos seguido todos os passos apresentados nas ferramentas, e termos assinado o contrato, agora é hora de preparar/conferir o plano de ação e apresentar ao cliente e partes interessadas (internas) o referido projeto em uma reunião de abertura.

Lembre-se de que, deve ficar bem claro para alta direção que, se o projeto não for validado por ele(s) nessa reunião de abertura, temos grande chance de que os trabalhos fiquem comprometidos logo na linha de largada.

Lembra das largadas de corridas de fórmula 1?

Basta apenas que 1 – (UM) – I – apenas e somente um colaborador não siga o estabelecido no projeto ou não se comprometa, apenas se envolva para que o projeto esteja comprometido.

E voltando para o exemplo da largada da fórmula 1, o que

acontece é que na primeira curva os acidentes acontecem.

Seu plano de ação deve possuir pequenas folgas de datas de entregas, pelo menos no começo, até que o motor esquente e que a equipe comece a acreditar no retorno oferecido pelos trabalhos que estão em desenvolvimento, pois esse "espaço" será ajustado durante as pequenas entregas estabelecidas no plano de ação.

Você não está enganando o cliente, lembre-se que você, consultor empresarial de sucesso, não trabalha por hora, trabalha por projeto com pequenas entregas pré-estabelecidas.

Após a primeira entrega, você deve possuir dados do antes e do depois, seu relatório deve possuir sempre evidências, palavra que reverbera por todos os cantos onde se trabalha de forma profissional com sistemas ISO. As evidências sempre refutam a falta de profissionalismo e muitas das vezes calam argumentos de quem estava com a intenção de "azedar" o projeto.

Em uma reunião de entrega, ao abrir a apresentação, observei que o diretor não estava muito "motivado" com aquela reunião de entregas. Porém, quando observou os números, gráficos e "evidências apresentadas", se ajeitou na cadeira e começou a observar que sua empresa havia mudado, e quando as pessoas começaram a falar, opinar, dar depoimentos sobre as conquistas apresentadas, teve a certeza de que sua empresa não era mais a mesma.

Notem que, não vamos a reunião para falar do óbvio, chamamos pessoas atarefadas para reuniões para apresentar resultados, e isso tem que ficar muito claro para todos. O tempo deles e o seu é muito caro para ficarem reunidos em uma sala, e que, 10 minutos depois, se você não chamar a atenção, ninguém mais prestará atenção no que você fala.

Por isso, sempre apresente evidências, e chame a plateia para participar e dar depoimentos sobre as entregas dos trabalhos. Mesmo se receber algumas críticas, isso é também muito importante para seu crescimento profissional.

Capítulo 25 – Desenvolvimento dos trabalhos

Parabéns, seu contrato está assinado e após ter preparado seu plano de ação muito bem estruturado, você o apresentou a alta direção e os envolvidos. Esse passo é importante pois a chancela de seu trabalho perante os participantes dará autoridade e credibilidade ao projeto.

Segundo passo e não menos importante são as entrevistas com os envolvidos, e análises documentais referentes ao problema devem ser documentadas para que o consultor saiba qual ferramenta será mais útil para realização dos trabalhos, e, esse rol de documentos facilitará a confecção de relatórios bem estruturados que serão apresentados nas entregas realizadas, impressos e entregues ao contratante, sempre com a classificação "**CONFIDENCIAL**".

Não se engane, 90% (noventa porcento) dos recursos necessários encontram-se dentro da empresa, caso ela seja de médio ou grande porte, e cabe a você identificá-los e solicitar que sejam disponibilizados para o bem do projeto. Lembra do caso do profissional de marketing que trabalhava no caixa daquela empresa que falei a algumas páginas atrás. Por isso faça do setor de gestão de pessoas/recursos humanos um facilitador poderoso na indicação desses potenciais recursos antes de acionar sua cesta de negócios ou demandar ao cliente que esse recurso seja contratado por ele.

Em conversas casuais com outros profissionais, alguns acham que analise documental e criação de processos são apenas mais burocracia, mas isso somente reafirma a principal competência da maioria dos brasileiros.

Estar sempre indisposto a ler.

Para essa parte da população manuais de produtos não servem para nada, são inúteis, e procedimentos operacionais padrão e instruções de trabalho são feitos somente para agradar aos auditores ou chefes.

Consultoria Empresarial
Resolução de problemas complexos de forma simples

Em um trabalho consultoria que realizei recentemente me indicou um dignóstico muito triste, pois foi constatado que a solução estava nos procedimentos operacionais padrão e instruções de trabalho guardados dentro das gavetas dos colaboradores, e o processo de análise documental me forneceu essa evidência.

Não me dei por vencido, e parti para execução juntamente como setor inteiro, todos possuíam seus manuais que não eram mais utilizados por eles, e já estavam desatualizados, necessitando somente de serem revalidados. Em alguns casos deixaram cair no esquecimento porque os procedimentos eram muito "trabalhosos" e em outros, os mais novatos nunca haviam ouvido falar deles.

Colocamos em prática todos ao mesmo tempo, rodando PDCAs ajustados as métricas combinadas e o resultado foi espantoso. Um colaborador deu o seguinte depoimento – "foi como se colocássemos óleo nas engrenagens, e as coisas do nada começaram a funcionar como num passe de mágica."

Os resultados começaram a aparecer e setores que não eram demandados passaram a reenviar seus relatórios e dados que deveriam ser alimentados em sistemas caros que estavam sendo pagos, porém, não repassavam mais informações de gestão, por simples falta de alimentação.

Isso fez com que a direção tomasse um verdadeiro susto quando esses indicadores começaram a aparecer na tela.

Grandes oportunidades foram perdidas, e outras começaram a aparecer.

O resultado de todo esse trabalho foi que meu contrato de um ano foi encerrado em sete meses, porém, recebi o valor integral, e a confiança e agradecimento daqueles gestores.

Não posso deixar de comentar que o departamento de marketing foi muito importante na criação de um programa de endomarketing idealizado com bastante carinho e motivação que fez toda a diferença no que tange a criar ambientes propícios a retirar pessoas de suas zonas de conforto.

Os colaboradores da empresa eram maravilhosos, mas por falta de um sistema de gestão de desempenho bem estruturado com metas específicas, validadas e acompanhadas pelos seus gestores diretos através de indicadores de desempenho causou um verdadeiro colapso nessa organização.

Na MOLLITIAM Consultoria trabalhamos com metodologias, como falei acima, baseadas nas normas ISO. Ferramentas como PDCA, 5W2H, análise de risco, CINCO porquês, planos de ação factíveis e compostos de pequenas entregas, relatórios gerenciais bem estruturados, Canvas e indicadores de desempenho com percentuais de resultados atingidos formam nossa pedra angular. Essa metodologia é aprendida em nosso curso que possui a duração de dois finais de semana e se chama Curso de Formação de Consultores Empresariais – FCE, realizado com pelo menos 10 alunos.

Nossos aprendizes, ao término do curso, passam a constar de nossa cesta de negócios que traz automaticamente retornos bem interessantes para essa nova classe.

Muitas das vezes o curso se paga já no primeiro projeto no qual esse profissional está inserido.

Capítulo 26 – Fechamento dos trabalhos

Seu projeto foi concluído? Mais uma vez parabéns, agora iremos receber um dos maiores prêmios que pode ser entregue a um consultor empresárial no fechamento dos serviços prestados, o **Atestado de Capacidade Técnica** assinado pelo cliente demandante do(s) serviço(s). Esse documento serve como referência quando for apresentar seus serviços a seus futuros clientes. E, como já comentado acima, traz informações resumidas do serviço prestado, inclusive sendo atestado que foi entregue dentro dos parâmetros da contratação.

Se o trabalho foi entregue com qualidade, o consultor empresarial ganha duas vezes, a primeira, será demandado em novos trabalhos assim que esses apareçam e a segunda, poderá ser indicado por seus clientes a outros empresários com problemas iguais ou dependendo do caso com problemas diferentes que necessitam de solução de um profissional competente e com serviços validados e garantidos, nesse caso, você.

Capítulo 27 – Considerações finais

Ao chegar aqui gostaria que você leitor tenha a sensação de ter adquirido alguns conceitos que o ajudem a enfrentar esse mundo da consultoria empresarial de uma forma mais completa. Passar segurança e resultados a nossos clientes é o nosso principal objetivo. Porém, nós também temos que ter a segurança e certeza de que nossos serviços executam um projeto capaz de atingir resultados complexos de forma simples e que fizeram nossos clientes pessoas melhores, e, consequentemente seus locais de trabalho lugares melhores para se conviver.

Obrigado pela oportunidade.

Vamos caminhando.......

Richard Farias

SOBRE O AUTOR

Richard Farias (Consultor): Formado em Administração pela Associação Internacional de Ensino Continuado (AIEC), Pós-Graduado em Gestão de Pessoas (FGV), Peace Operations Logistic and Financial Administration (CCOPAC/CHILE), Curso de extensão na área de estudo e Gestão de Recursos Humanos – (FGV), Gestão por competências – (FGV). Introdução à Tutoria em Educação a Distância (ILB), Curso de Gerência de Projetos Teoria e Prática (ENAP), Análise e melhoria de processos – MASP (ENAP), Gestão estratégica de pessoas e planos de carreira (ENAP), Auditor ISO 9001:2015, MBA Executivo em Compliance e em Administração Financeira pela UNYLEYA. Richard Farias é empresário com experiência de mais de 20 anos na área de consultoria empresarial em diversos campos. É palestrante e ministra cursos de extensão em todo o território nacional. É casado e possui três lindas filhas.

BIBLIOGRAFIA

Ries, Eric. **A Startup Enxuta:** Como empreendedores atuais utilizam a inovação constínua para criar empresas extremamente bem-sucedidas. Tradução de Carlos Szlak. São Paulo, Ed. Leya, 2012.

DUHIGG, Charles. **O Poder do Hábito**: Porque fazemos o que fazemos na vida e nos negócios. Tradução de Rafael Mantovani. Rio de Janeiro: Objetiva, 2012.

NORMANN, Kestenbaum. **Obrigado pela informação que você não me deu**: Relevância, Conscisão e simplicidade na comunicação empresarial. São Paulo, Ed. Alta Books, 2016.

UPDEGRAFF. R. **Robert.** Óbvio Adams: A História de Um Empresário de Sucesso. Ed. De Cultura, Edição: 6ª, São Paulo, 2012.

Martin J. Eppler. **Como utilizar o design Thinking,** Editora Elsevier, São Paulo, 2008.

Associação Brasileira de Normas Técnicas. **NBR ISO 31000: Gestão de Riscos**. Rio de Janeiro, 2018.

www.ingramcontent.com/pod-product-compliance
Lightning Source LLC
Chambersburg PA
CBHW072156170526
45158CB00004BA/1673